峥嵘岁月

——中国人民公安大学七十华诞纪念文集

主 编 刘祁宪 邓 杰

中国人民公安大学出版社
·北 京·

图书在版编目（CIP）数据

峥嵘岁月：中国人民公安大学七十华诞纪念文集/刘祁宪，邓杰主编．—北京：中国人民公安大学出版社，2018.9

ISBN 978-7-5653-3469-6

Ⅰ．①峥…　Ⅱ．①刘…②邓…　Ⅲ．①中国人民公安大学—纪念文集
Ⅳ．①D631-40

中国版本图书馆 CIP 数据核字（2018）第 227390 号

峥嵘岁月

——中国人民公安大学七十华诞纪念文集

刘祁宪　邓　杰　主编

出版发行：中国人民公安大学出版社
地　　址：北京市西城区木樨地南里
邮政编码：100038
经　　销：新华书店
印　　刷：三河市荣展印务有限公司

版　　次：2018 年 10 月第 1 版
印　　次：2018 年 10 月第 1 次
印　　张：14.75
开　　本：787 毫米×1092 毫米　1/16
字　　数：238 千字

书　　号：ISBN 978-7-5653-3469-6
定　　价：52.00 元

网　　址：www.cppsup.com.cn　www.porclub.com.cn
电子邮箱：zbs@cppsup.com　zbs@cppsu.edu.cn

营销中心电话：010-83903254
读者服务部电话（门市）：010-83903257
警官读者俱乐部电话（网购、邮购）：010-83903253
综合分社电话：010-83901870

编 委 会

序 言

习近平总书记深刻指出，“历史是最好的教科书，也是最好的清醒剂”。历史总是在一些特殊的年份给人们以汲取智慧、继续前行的力量。在中国人民公安大学建校七十周年之际，《峥嵘岁月——中国人民公安大学七十华诞纪念文集》欣然面世。本书是校史研究的一项成果，是公安大学七十华诞的献礼之作。全书分两个系列，其中“往事追忆”汇编了50位公安大学建设发展亲历者的回忆文章；“人物春秋”记录了为学校建设发展作出贡献的老领导、干部教师在校工作、学习的事迹。与其他校史出版物相比，本书兼具叙事和记人的特点，既呈现学校发展大事件的起承转合，又记述众多园丁的辛勤耕作，兼有芬芳桃李的母校回忆，读来既亲切感人，又不乏历史厚重感和启迪意义。

不忘初心方得继续前进。在学校建设发展新时期，用行动继承公安大学建校七十年来形成的办学精神，为学校创造更美好的未来，是对前人最好的纪念，也是对历史最好的铭记。公安大学自1948年在艰苦条件下初创成立，历经七十年不断发展壮大，一代代公大人薪火相传、接力奋斗，给我们留下了宝贵的精神遗产。本书对我们深入思考、认真回答在建设新时代公安大学的历史征程中，我们应该旗帜鲜明坚持什么、毫不动摇发扬什么、群策群力抓好什么，具有一定的启发借鉴意义。纵览公安大学七十年筚路蓝缕、艰苦奋斗的办学历程，以下几方面是我们必须始终坚持、不断发扬的。

一、树立“党校”标准，坚持“政治建校”，是公安大学办学七十年如一日的首要原则。秉承“党校”性质的历史传统，并在新时代赋予“不忘初心、牢记使命”的内涵，是塑造合格公大人的根本依据，也是办好党和人民满意的公安大学的基本要求。1948 年党中央在西柏坡创办华北保卫干部训练班，就是为了巩固党领导下的人民政权，建立人民公安机关和人民公安队伍。初创时期的校长罗瑞卿指出：“公安学校是党校性质的，要按党校的要求来办，贯彻理论与实际相联系，政治与业务相结合的教学方针。”公安大学教师历来着警服、授警衔，兼具人民警察和人民教师双重身份，必须把讲政治作为第一要求。我校在不同时期选拔招录学生（学员）的第一条件始终是政治可靠，入学后的培养训练也把提升其政治觉悟作为首要任务，切实做到对党绝对忠诚、绝对纯洁、绝对可靠。“公安学校是党校性质的”，是我校永不褪色的本质特征。

二、树立“旗帜”标准，发挥公安教育中的领军作用，是公安大学办学七十年的突出优势。建校以来，公安大学在公安部党委的坚强领导下，始终坚持党的领导和社会主义办学方向不动摇，始终坚持为政法公安工作和队伍建设服务的办学宗旨不松懈，百折不挠、自强不息，逐步积淀起深厚的办学底蕴，成为全国公安系统建校时间最长、学科专业最齐全、办学规模最大、教育层次最完备的高等学府。七十年来，公安大学历经国家和公安教育事业发展的各个阶段，先后开创公安本科学历教育、硕士研究生教育和博士研究生教育的先河，实现了公安学和公安技术学科发展一个又一个零的突破，在公安教育中发挥了重要引领作用。时代向前迈进，在学校发展新的历史征程中，公安大学必将为公安高等教育创新发展展现新作为、作出新贡献。

三、树立“世界一流大学”建设标准，建设世界一流公安学科和公安大学，是新时代赋予公安大学的历史使命，也是其未来发展方向。2017 年，公安大学牢牢抓住新一轮高等教育改革的重大机遇，以公安科学的独特优势和令人瞩目的建设成绩，成功跻身国家首批“世界一流学科建设高校”行列，推动学校发展迈入新阶段。学校将建立完善以公安科学学科群为主体，公安学、公安技术两大一级学科为主干和支撑的学科生态圈，体现中国公安学的人民性、先进性和包容性；深入实施人才强校战略，不断提升教学科研水平，努力培养和造就一支政治素质过硬、业务能力精湛、育人水平高超的高素质师资队伍；继续扩大对外交流，讲好中国人民公安故事，传达中国人民公安声音，不断扩大中国公安教育的国际影响力和辐射力。

中国人民公安大学建校七十华诞，恰逢我国改革开放四十周年。新时代赋予我们入列“双一流”建设大学的历史机遇，也对学校发展提出新的更高要求。在新的历史发展时期，学校要紧紧围绕建设“国内一流、世界前茅”警察大学的奋斗目标，全力打造公安卓越警务和警学人才的培养基地、公安理论科技创新的前沿阵地和提升高级警官核心能力的干部学院，乘着新时代的浩荡东风，以更加饱满坚毅的奋斗姿态，锐意进取、破浪前行，在公安教育训练史上续写浓墨重彩的新篇章。

樊京玉

2018 年 10 月

目录

往事追忆

人物春秋

往事追忆

中国人民公安大学历史沿革

艾　群

1948年7月6日，中共中央在河北解放区建屏县（今平山县）西冶村、东冶村开办华北保卫干部训练班，第一期由华北局社会部副部长杨奇清兼班主任。同年10月中旬，第二期训练班迁往井陉县威州镇西岸，由华北局社会部办公室主任刘复之兼班主任。

1949年1月，经中共中央华北局批准，华北保卫干部训练班扩建为华北公安干部学校，杨奇清兼任校长。同年1月31日，北平和平解放；2月，华北公安干部学校入京，暂居东四北大街汪家胡同和安定门内方家胡同；7月，迁入当时已废弃的白云观内。

1950年1月11日，经中央人民政府政务院总理周恩来批准，华北公安干部学校改建为中央公安干部学校，公安部部长罗瑞卿兼任校长。同年5月，政务院任命周仲英为副校长，主持学校日常工作。

1952年10月，中央公安干部学校迁入木樨地新址。

1953年1月，经政务院总理周恩来批准，中央公安干部学校扩建为中央人民公安学院，罗瑞卿兼任院长。

1954年1月2日，公安部发出《关于加强公安学校工作的指示》，要求随着公安保卫工作的发展，在现有基础上进一步将公安学校办好；要求加强领导，明确学校的工作方针、任务，加强训练工作计划性，提出加强学校工作和解决干部、教员、教材、经费、设备等问题的办法。同年1月22日，中央人民公安学院举行普通班第一期毕业典礼，朱德、彭真同志出席并讲话。10月4日，中央人民公安学院举行新疆班（民族一班）第一期开学典礼，全国政协副主席包尔汉、公安部部长罗瑞卿出席。该期学员60名，均为新疆公安系统科级干部，分属维吾尔族、哈萨克族等13个民族。

1955年1月16日，经中共中央组织部批准，公安部发出《关于成立公安学院分院的规定》，原华东公安学校、中南公安学校、西北公安学校、西南公安学校分别改为中央人民公安学院上海分院、中央人民公安学院武汉分院、中央人民公安学院西安分院、中央人民公安学院重庆分院。东北公安学校改建为中央人民警察干部学校。

1959年3月，中共中央批准中央政法小组报告，决定中央人民公安学院与中央政法干部学校合并，沿用“中央政法干部学校”校名，毛铎任校长。

1982年1月，经国务院批准，恢复中央人民公安学院。中央人民公安学院在着力培养公安机关业务骨干的同时，还担负代训司法、检察、法院干部的任务。

1984年1月，经国务院批准，中央人民公安学院改建为全日制普通高等学校，命名为中国人民公安大学，9月，邓小平同志题写校名。10月12日，中国人民公安大学举行首届开学典礼，中共中央政治局委员、书记处书记习仲勋出席典礼并讲话。

1998年2月，经教育部批准，中国人民公安大学与中国人民警官大学合并，组建成新的中国人民公安大学。中国人民警官大学创建于1978年，是公安部主办的直属本科院校，1978年校名为政法专科学校，1979年更名为国际政治学院；1984年更名为中国人民警官大学，彭真同志题写校名。

2000年11月，北京交通人民警察学校并入中国人民公安大学。

2006年3月，公安部管理干部学院更名为公安部高级警官学院，依托中国人民公安大学，承担高级警官职务晋升培训任务。

2010年，公安部群众出版社与中国人民公安大学出版社合并组成中国人民公安出版社，中国人民公安出版社是公安部主管、中国人民公安大学主办的部属正局级单位，中国人民公安大学对中国人民公安出版社负有领导班子建设、队伍管理、财务资产管理等方面的职责。

2017年，教育部、财政部、国家发展改革委发布“世界一流大学和一流学科建设高校及建设学科名单”，中国人民公安大学被确定为“‘双一流’建设高校”。

中国人民公安大学历任主要负责人

华北保卫干部训练班、华北公安干部学校、中央公安干部学校、中央人民公安学院时期（1948—1959）

杨奇清	1948. 7—1948. 10	华北保卫干部训练班班主任（兼）
	1949. 1—1950. 1	华北公安干部学校校长（兼）
刘复之	1948. 10—1948. 12	华北保卫干部训练班班主任（兼）
张德含	1949. 4—1950. 1	华北公安干部学校党总支书记
罗瑞卿	1950. 1—1952. 12	中央公安干部学校校长（兼）
	1953. 1—1958. 12	中央人民公安学院院长（兼）
周仲英	1950. 1—1952. 12	中央公安干部学校副校长、党委书记
	1953. 1—1959. 3	中央人民公安学院副院长、党委书记
王　昭	1958. 12—1959. 3	中央人民公安学院院长（兼）

中央政法干部学校时期（1959—1982）

彭　真	1951. 7—1956. 11	中央政法干部学校党委书记、校长（兼）
毛　铎	1956. 11—1961. 2	中央政法干部学校党委书记、校长
赵国威	1961. 3—1975. 8	中央政法干部学校党委书记、校长
	1979. 12—1983. 1	中央政法干部学校党委书记、校长
尹肇之	1975. 8—1978. 5	中央政法干部学校党委书记、校长

恢复中央人民公安学院时期（1982—1984）

王文同	1983. 7—1984. 1	中央人民公安学院院长（兼）
石　磊	1983. 7—1984. 1	中央人民公安学院党委书记

政法专科学校、国际政治学院、中国人民警官大学时期（1978—1998）

凌　云	1978. 6—1979. 6	政法专科学校党委书记、校长（兼）
	1979. 7—1980. 6	国际政治学院党委书记、院长（兼）
李广祥	1980. 7—1984. 5	国际政治学院院长（兼）

林　丛	1983. 5—1984. 5	国际政治学院院长（代）
	1984. 5—1985. 4	中国人民警官大学校长（代）
李子明	1985. 4—1991. 3	中国人民警官大学校长
金　源	1985. 5—1990. 7	中国人民警官大学党委书记
翟建安	1990. 7—1991. 3	中国人民警官大学党委书记
	1991. 3—1992. 6	中国人民警官大学党委书记、校长
张灵青	1992. 8—1995. 10	中国人民警官大学党委书记
程智勇	1992. 6—1994. 5	中国人民警官大学校长
司同军	1994. 5—1995. 11	中国人民警官大学校长
	1995. 11—1998. 2	中国人民警官大学党委书记（代）、校长

中国人民公安大学时期（1984—　）

蔡　诚	1984. 8—1985. 4	中国人民公安大学校长
石　磊	1984. 8—1985. 12	中国人民公安大学党委书记
戴文殿	1985. 4—1991. 3	中国人民公安大学校长
徐　迈	1986. 5—1991. 3	中国人民公安大学党委书记
何剑械	1991. 3—1993. 4	中国人民公安大学校长
柳晓川	1991. 3—1993. 4	中国人民公安大学党委书记
	1993. 4—1994. 12	中国人民公安大学党委书记、校长
	1994. 12—1996. 6	中国人民公安大学党委书记
蒋先进	1994. 12—1996. 6	中国人民公安大学校长（兼）
孙中国	1996. 6—2002. 5	中国人民公安大学党委书记、校长
王彦吉	2002. 5—2009. 5	中国人民公安大学党委书记、校长
程　琳	2009. 5—2015. 7	中国人民公安大学党委书记、校长
樊京玉	2015. 7—至今	中国人民公安大学党委书记
曹诗权	2015. 7—至今	中国人民公安大学校长

（作者曾任群众出版社总编辑）

反对“本本主义”，培养合格的公安专门人才

周仲英

中央人民公安学院时期是中国人民公安大学在发展进程中一个极为重要的历史时期。它是在我国抗美援朝斗争已取得决定性胜利，恢复国民经济的任务基本完成，镇压反革命的群众运动基本结束的新形势下，为了适应我国过渡时期总路线、总任务的要求，适应保卫国家大规模经济建设和人民生命财产安全的需要，适应公安保卫工作由公开斗争向隐蔽斗争的转变和培养各类公安业务专门人才的需要，经周恩来总理批准，于1953年在中央公安干部学校的基础上扩建起来的。

在公安学院时期，我们办学的根本指导思想是：全面贯彻党的教育方针，坚持实事求是，从实际出发，反对“本本主义”，培养公安战线急需的，忠诚党的保卫事业的，能够运用马克思主义的立场、观点、方法去处理案件的中级公安保卫干部。实践证明，这一指导思想是符合实际的，是正确的。

“实事求是”是我们党从事革命和建设的根本指导思想，也是我们办好公安教育的指导思想。毛泽东同志为延安党校的题词就是“实事求是”四个字。以毛泽东同志为首的中国共产党人领导中国革命取得伟大胜利的过程，整个都贯彻着一条从实际出发、实事求是的思想路线，就是正确地解决了世界观问题。我们共产党人考虑问题、从事工作，都要从实际出发、实事求是，根据实际情况来决定我们的工作方针、政策、原则和方法。那么，我们学院当时的实际情况是怎样的呢？我们的教育对象——学员们的实际情况又是怎样的呢？

当时，我们的学校是由青年短期训练班式的公安干校改建为比较正规的以培养中级公安干部为主的公安高等院校，这是一个重大的转变。公安干校向来是因陋就简，办学条件相当艰苦。因此，一旦要按照高一层次的、比较正规的高等院

校的要求办学，学校所面临的困难就很多。比如，主要的师资、教材，还有校舍、生活设施等方面，都很不适应。但作为方向是可以的。学校在罗瑞卿同志领导下，知难而进，决定立足于现实、着眼于发展，从严从俭办学，并坚持一手抓建设、一手抓教学，一边建设一边教学，建设与教学同步并进。一方面，集中全力狠抓教员的培养、教材的建设，修订教学计划、改进教学方法、建立健全各项规章制度；另一方面，集中财力、物力进行各项基本建设，从而保证了教学工作的正常进行。

我们的学员绝大多数都是经过长期革命斗争的考验，对党的事业忠诚、积极，有一定的斗争经验和业务知识的抗日战争时期的干部，但缺乏必要的理论基础知识，对长期的工作经验未做过系统的总结，在执行政策上不同程度地存在着盲目性，并抱着较浓厚的“取经”思想来校学习。有鉴于此，开学第一课，我们就肯定地、毫不含糊地对来校学习的公安局长学员们讲，无论如何不能有“取经”的思想，不能采取“本本主义”的学习态度。“本本”本身是好的，重要的问题在于如何创造性地运用“本本”。如果认为“本本”是万能的，回去后不从实际出发，却生搬硬套，那就是要不得的。马克思主义的“本本”是要学习的，但要根据我国的国情与学员的思想实际状况相结合。通过这样的教育，学员们从开学的第一天起，就轻装投入学习。我们习惯把这种教育称为“端正学习态度”的第一课。

我们根据国家形势和公安建设的要求，根据学员的实际情况，确定教学计划、教学原则和教学方法，实行“以业务教育为主，结合一定的政治理论基础教育”的方针；坚持理论联系实际、按需施教、因材施教的教学原则；强调“学不必博，要之有用；仕不必达，要之无愧”，学习的目的全在于应用。在整个教学过程中，我们不仅重视以侦察工作为重点的业务教学，而且重视马克思列宁主义理论课的教学。在业务教学中，根据第五次全国公安会议关于“加强隐蔽斗争，建设强有力的侦察工作”的指示，确定以侦察工作为重点，强调掌握党的对敌斗争的路线、方针、政策、策略。在理论课的教学中，强调“不闻大论，则志不宏；不听至言，则心不固”。马克思列宁主义是一门实践性很强的科学，它是在社会实践的基础上产生并经过社会实践的检验和证明了的，是客观事物本质的、规律性的、正确的反映。学习马克思列宁主义的重要意义在于指导人们的行动。

所以，从教员讲课到组织学员学习的整个过程中，都反复强调“学以致用”的重要性，全力指导学员领会马列主义的精神实质，理解、认识和掌握马列主义的立场、观点和方法，以利于以后的工作。同时，我们请中央党校的杨献珍、范若愚、孙定国同志来上大课，深入浅出地联系中国革命的实际和广大干部思想作风的实际进行讲解，学员们受益匪浅。我们自己的辅导员进行辅导时，则着重联系公安保卫工作的实际，把对敌斗争中的经验教训提升到理论的高度加以分析认识。实践需要理论指导，理论需要与实践结合，这样就大大地提高了学员的政治素质，增强了执行党的方针、政策的自觉性，为学员的“作业”创造了有利条件。

我们的教学方法是讲授、自学、辅导和作业相结合，以作业为主导。之所以把作业作为主导环节，是因为“讲之功有限，习之功无穷”。所谓“作业”，就是运用马克思主义理论和公安业务工作基础理论进行典型的经验总结。以马克思主义之“矢”，射自己工作之“的”。在理论上明确了唯物论和辩证法的几个基本观点之后，要求学员运用所学的理论原则，来剖析一两个典型案例，检查并总结工作中的主要经验和教训，从中明确哪些做对了，为什么对；哪些做错了，为什么错，以及今后怎样就不会再错的道理，使认识进一步深化。不仅要“知其然”，更要“知其所以然”，懂得事物整体的、本质的内部联系，以避免主观主义、片面性、盲目性的发生。因此，作业的过程就是以理论来指导总结工作，再通过总结来提高理论认识的过程，也是亲尝理论联系实际的甜头，悟出“为什么从实际出发，如何从实际出发，怎样具体问题具体解决”的过程。很多年过去了，许多学员实践的历史告诉我们，这一做法对提高学员素质是行之有效的。

“鉴古可以知今，继往才能开来。”我们的学校在战火中诞生，在斗争中成长，它伴随着人民共和国的创建、无产阶级政权的巩固而不断前进。在20世纪50年代，我们招收的学员，本身的素质都很好，他们学习刻苦、勤奋，廉洁奉公，在学校深造后，成了公安保卫战线上的一批骨干力量，在保卫人民政权的斗争中，在捍卫社会主义经济建设的过程中，默默无闻地做出了应有的贡献。我们这一所具有革命光荣传统的学校，没有辜负党和人民对我们的深切期望。我相信，今天的中国人民公安大学，加强党的领导，充分发挥我们的政治优势，一定能够继承和发扬学校的光荣传统和优良校风，深化教育改革，把学校办成一所具有中国特色的、专业学科齐全的、现代化的公安高等学府，成为培养公安专门人才的摇篮。

（作者曾任中纪委常委、中央公安干部学校副校长兼党委书记、中央人民公安学院副院长兼党委书记）

中央政法干校和中央公安学院合并期间的教育与教学

毛　铎

我国公安政法干部的培训是有长期历史的。新中国成立以后，由训练班到干校到学院到中国人民公安大学，积累了丰富的教学经验，为公安和政法部门的建设做出了巨大的贡献。

1952 年，我受命到中央政法干校工作，不久又兼任政法委员会组训组组长，在董必武、彭真、罗瑞卿等中央领导同志的直接领导下工作。几位领导同志都非常关心公安政法干部的教育训练工作，一再表示要把公安政法干部教育训练统一起来。根据这一指导思想，在司法改革院系调整中，先后建立了各大区的政法学院和中央政法干部各分校。直到 1958 年年底、1959 年年初，罗瑞卿同志明确地指示我，要把政法干校和公安学院合并。

中央关于两校合并的决定指出：合并后仍沿用“中央政法干部学校”的名称，负责轮训全国政法机关县级以上的主要负责干部，训练内容以马克思列宁主义和党的方针、政策、政府的法令为主，适当地学些政法工作业务和参加一定的生产劳动，实际上是按照中级党校来办。学校办校方针和重大原则问题，由中央政法小组决定，日常工作由中央公安部党组领导。

根据中央决定和中央政法小组领导的指示，我们在精简机构、增强团结、提高教学质量、办好政法教育的原则要求下，着手进行了两校合并的工作。合并后，中央政法干校的领导机构设有校部办公室、政治处、教务处和行政处，另外有哲学、政治经济学、党史党建、政策法律、治安刑侦技术等教研室，校部分设公安，司法、检察，军保、军检、军法，专修四个教学部。专修部下辖西藏班、新疆班、体训班、文化班等班级组织。

根据中央指示、决定和两个学校多年的办学经验，我们在办学指导思想上，继续坚持中央领导同志早已申明的，中央政法干校就是政法战线的党校，也是政法战线干部训练的最高学府，必须以马克思主义和党的原则进行教学，用马克思列宁主义的世界观、国家观、法律观来武装全体学员。

在日常教学活动中，我们继续坚持理论联系实际的根本原则，把理论教学与总结工作结合起来，把教学和党的根本任务与国家建设结合起来，把教学与学员的工作实际、思想实际结合起来，教育学员不断提高马克思主义和毛泽东思想觉悟，善于运用马克思主义的观点、立场、方法认识事物、解决问题。

针对学员都是从实际工作中选调上来的领导干部，每期培训时间不能过长的特点，我们在教学方法上继续坚持“少而精、重点系统”的原则，力戒经院式、教条式和“填鸭式”的教学方法。采取学以致用的原则进行自学、讨论、辅导三结合的方式，在理论与实践相结合的基础上写总结、写论文、写心得，以求学员通过学习理论，研究业务实际、总结经验、改造思想、提高工作和领导能力。

中央政法干校在办学思想和职能上，不仅进行干部培训，在国家法制建设和法学理论建设上，也承担着一定的任务，起着工作母机的作用。

我们是中央政法干部学校，强化政治思想工作，就有其特殊的意义。加强政治思想工作同进行政法理论、业务教学是相辅相成的，也是我们进行教学的一个重要方面。

法律必须为政治服务，必须为人民民主专政和国家的经济建设服务，为人民的权益服务。我们的学员都是来自全国各地的政法领导干部，要求他们经过学习进修，在理论、思想、政治、业务能力、作风等方面必须有较大的提高，因而加强政治思想工作以保证教学任务的正常进行，提高学员的思想、党性、政治素质和业务素质，就显得非常重要。同时，我们的教学人员在教书育人中，不断加强理论、思想、作风的修养，为人师表。在教学中，坚持贯彻群众路线，既言传又身教，要当群众的先生，必先当群众的学生。也就是说，要依靠学员、了解学员、教育学员，从而做到互教互学、教学相长。“实事求是”是马克思主义的根本原则，也是我们对待一切工作和解决一切问题的根本原则。政法干校成立之初，即把“实事求是、力戒空谈”作为校训。

艰苦朴素、勤俭办一切事业是我们党的优良传统，也是每个共产党员的优良品质，这是由我们党的性质决定的。我们在教学过程中、在学校建设中、在日常生活中，都坚决贯彻了这一原则精神。

革命同志之间应该互助互让、增强团结，特别是当时两校合并，必须以团结为重才能搞好合并和学校建设。在这方面，我一再强调原政法干校的同志必须好好向原公安学院的同志学习，必须谦虚谨慎地对待一切工作和处理一切关系。由于原两校同志都注意到这一点，使干校在顺利合并的新的基础上，发扬了公安政法教育的优良传统，增强了同志们教学工作的积极性与创造性。

政法教育必须为国家的政治、经济服务，为政法部门、政法干部服务。因此，政法干部学校自成立起，一直坚持与政法各业务部门，与党中央各部门以及与各有关院校特别是中央党校联系。在理论教学上重视与中央党校挂钩，政治、经济、文化、形势教育必须和中央各有关业务部门联系，政法业务教学必须和各政法部门紧密结合。在体制上，政法干校成立初期就建立了校务委员会，邀请教育、经济、政法部门有关负责同志参加，还邀请了校外的有关教学、理论方面的学者专家参加，以指导和协助我们搞好教学和各项工作。

政法干校经过独立、合并后又分开的历程，我在其间工作中也曾有不少缺点和失误，这主要是受当时“左”的指导思想影响。这些历史教训，值得永远铭记。

（作者曾任中纪委委员，中央政法干部学校校长、党委书记）

我在公安大学工作的日子

蔡　诚

1984年年初，公安部党组决定让我到公安大学担任第一任校长。当时学校刚刚成立，担负着为全国公安机关培养革命化、现代化、专业化的高级管理人才的重要任务，是公安部直接管辖的高等院校之一，正处于改建全日制大学的初创阶段，没有办大学的经验，没有本科、专科教育所需的各类教材，缺少高水平的教师和管理人员……因此，困难较大。但有利条件也很多，首先是党中央、国务院和公安部党组十分重视学校的建设。邓小平同志亲笔为公安大学题写校名；中共中央政治局委员、书记处书记习仲勋同志代表党中央、国务院出席首届学生开学典礼。公安部党组多次开会讨论建校工作，作了许多明确的指示，并抽调一批具有丰富专业知识和实践经验的老公安干部加强学校的工作。公安部还成立了大学教材编辑委员会，分专业指定专人加速编写各类业务教材。校领导班子除我之外，还有长期在学校工作的老领导石磊、刘玉琳、何剑械、李连城等同志，他们都有几十年办学的丰富经验。由于有了原中央人民公安学院的基础，因而筹建工作进行得比较顺利，首届本科生于1984年9月1日如期开学。

改建初期，学校实行校长负责制。组织机构与专业设置均按照正规大学的要求与公安工作的特点而确定。全校设有27个处级单位。专业设置有公安管理、侦察、法学、治安管理等7个专业。第一期招收的本科生人数较少，只有二百余人，都是经过全国高等学校招生统一考试，在全国第一批录取院校录取前单独录取的，政治思想、道德品质和文化素质都比较好。学制四年。据了解，这一期学生毕业后，绝大多数分配在中央和地方各级公安机关，不少人现在已担任了领导职务，成为工作中的骨干。

为了培养又红又专的公安干部，学校实行“从严治警、从严治校”的方针，对学生的学习与生活实行严格管理。记得当时规定学生必须早晨六点起床，六点半集体上操，晚间十点熄灯；上课时列队进教室，课余外出必须请假；学生、工作人员一律着警服，学生在校园内遇见校、系领导应当敬礼；还规定学生不许喝酒、抽烟、谈恋爱等。这些规定虽然严一些，但对培养学生的组织纪律性还是很有作用的。为了树立良好的校风，校领导以身作则，早晨到操场带队上操，有时到学生食堂与学生一起吃饭，深入教室听课，晚上到学生宿舍与学生聊天，熄灯后巡视学生宿舍，经常召开学生座谈会听取意见等。各系领导也深入地做好学生工作。这样，密切了校系领导与学生的关系，防止并及时处理了出现的问题，使学校的各项工作得以健康地开展。

我于 1985 年 5 月离开公大，到司法部工作。在公安大学任校长将近一年时间，对我本人的教育帮助也很大。回忆起这段经历，至今还非常怀念当年朝夕相处的校系领导、教师、工作人员和学生。我离开后这几年，时常听到有关公安大学发展壮大、培养了一批又一批优秀公安战士的消息，感到格外高兴。

我衷心祝愿公安大学在公安部党委的直接领导下，在全校师生员工的共同努力下，越办越好，为加强公安队伍建设做出更大的贡献。

（作者曾任我校校长、司法部部长）

我和公安大学

石　磊

中国人民公安大学是在党中央、毛主席、周总理、邓小平同志关怀下，由罗瑞卿、彭真、刘复之同志亲自主持下创建发展起来的。

（一）

我党从创建时期，就十分重视保卫工作。新参加保卫工作的人员，大都经过一定的训练才分配到工作岗位上。战争年代是办训练班，中央社会部先后共办了10期，我是第10期的学员。公安大学的前身就是1948年7月6日在河北解放区建屏县（今平山县）西冶村、东冶村开办的华北保卫干部训练班。

1950年1月11日，经中央人民政府政务院批准，华北公安干部学校改名为中央公安干部学校。培养对象经中央和总政批准，先后从华北革命大学学生，北京、天津、上海、南京应届高中毕业生，华北、华东两军区抗美援朝中参加军干校的大、中学生，以及唐山、太原、上海新参加工作的工人中招收；选调党、团员和进步分子。训练的方针是，以政治理论教育为主，教授一定的公安业务知识，引导学员树立革命的人生观、世界观和终身为人民公安事业献身的思想。中央公安干部学校先后办了四期，共培训了2500多人，在一定程度上解决了公安部和京、津等市初建时期对干部的需要。他们绝大部分成为了公安部门的业务骨干，有相当一批同志成为党的中、高级领导干部，公安部原副部长惠平是华北训练班的学员，前任公安部部长陶驷驹、安全部副部长王富中是抗美援朝中参军，被选调到中央公安干部学校的第四期学生。

1953年1月经周恩来总理批准，中央公安干部学校扩建为正规的中央人民公安学院，罗瑞卿同志兼院长。有初级班（青年学生）、西藏班和文化班（老干部）等，学制二年到三年。鉴于所调学员绝大多数是战争年代参加革命的，有革命斗争的经验，但缺乏必要的理论基础知识，学院实行“以业务教育为主，结合一定的政治理论基础教育”的方针，首先学政治理论课，主要是学习毛主席的《实践论》和《矛盾论》，然后学习各种公安业务知识。

中央人民公安学院办了5期，1958年停办一年，共培训6400多人。其中不少同志先后成为省（市、自治区）公安厅（局）长。他们在肃清反革命斗争和巩固人民民主专政、保卫社会主义经济建设，维护社会秩序、保护人民生命财产安全，以及加强公安业务建设和公安队伍建设等方面，都做出了应有的贡献。初级班、专业班和民族班也有一批同志成为公安系统的高级干部，公安部原副部长蒋先进就是人防班的学员。十届全国人大常委会副委员长、第十二届至第十六届中共中央委员热地同志，还有西藏政法部门不少领导同志，都是西藏班的学生。他们为维护西藏稳定、保卫西藏各方面的建设做出了贡献。

1959年3月，中央批准中央政法小组的报告，决定中央人民公安学院和彭真同志任校长创办发展起来的中央政法干部学校合并，校名沿用中央政法干部学校。学校的重大方针和原则问题，由中央政法小组决定，日常工作仍由公安部党组领导，学校规模1800~2000人，学制一年，分上、下两个学期，把公安学院的11个系改成6个教学部和一个研究班，一部公安、二部劳改、三部法院、四部检察、五部军队（保、检、法）及六部西藏班、新疆班、外交班。

政治理论课，按中级党校标准，设哲学、政治经济学、中共党史。合并前，两校各培训过五期，1959年10月开办的是第六期。公安部党组指示，改变原来的教学计划，首先学习党的中共八届八中全会（庐山会议）文件，开展“反右倾”斗争，错误地帮助、批判了教员、干部32人、学员199人。

1961年1月第六期学员毕业后，因国家遇到暂时困难，为减轻首都物资供应，中央通知各部委办的干部学校一律停办。学校除西藏班、外交班继续上课外，一律停办。这年根据中央指示，对“反右倾”错误批判的32名教员、干部，经过甄别，一律平反。我（当时任党委副书记）代表党委在全校大会上，当众赔礼道歉。对错误帮助、批判的学员，由公安部政治部通知本人和所在单位一律平反，把材料从本人档案中抽出销毁。接着进行大精减。直到1963年7月，随着国民经济逐渐好转，经中央批准才重新开办。为加快轮训速度，学期改为5个月，一年办2期。

1964年，公安部党组根据中央“四清”的指示，在公安系统把“四清”具体化为“三清五查”：三清即清公款公物、清赃款赃物、清看守所财物，五查即查阶级立场、查政策纪律、查特权思想、查骄傲自满、查革命意志，并决定学期缩短为3个月。当时的公安部部长谢富治说：“调学员来就是搞三清五查”，并亲自作动员报告。他当面对我和赵国威校长说：“不能和平四清”。我们鉴于第六期“反右倾”斗争的教训，没有搞运动，而采取延安整风的方法，以学习提高认识为主，在掌握文件精神、激发阶级觉悟的基础上，以半个月的时间，按照“三清五查”的要求，以忠诚老实的态度，实事求是进行检查。这样，3个月学习，大家还是有收获的，特别是“两论”学习，对提高干部的理论、思想、政策水平，改进纪律作风，起到了积极的作用。而这种做法，在“文革”中则成了我在“三反”中的罪行：一是“抗拒中共四清决定”，二是“抗拒谢副总理指示，搞和平四清”。

从两校合并到“文革”开始，4年多的时间，训练了14000多人，完成了1488个县的公安局长、教导员的培训。

1966年“文革”开始，由于康生、曹轶欧、谢富治直接插手干校的“文化大革命”，来势很猛，普通班第14期只学了一个月哲学，不得不提前结束。校党委、正副校长被夺权，学校实行军管。老红军赵国威校长，长期挨批斗，3个副校长被关进秦城监狱，100名教学骨干被赶（调）到校外，200多名教职工下放到湖北沙洋劳教农场办的“五七干校”劳动，学员宿舍全部被外单位占用，东边成为北京卫戍区关押李井泉、罗瑞卿、郑天翔等老一辈无产阶级革命家的监狱。图书、资料、教材、教学设备等受到严重破坏。十年“文革”，学校损失惨重，整整11年停办，校园荒芜，杂草丛生，一片荒凉。

粉碎“四人帮”以后，1977年10月公安部党组决定，成立中央政法干部学校临时党委，公安部原政治部主任尹肇之任书记。在“揭批查”、平反冤假错案的同时，由我负责筹备复校。此时，又遇到新“三无”：无学员宿舍、无教员、无教材。历尽千辛万苦，直到1978年3月才办起一个163人的师资班，下半年才恢复了普通班，也只能招收500人。

（二）

党的十一届三中全会后，学校也把精力集中到教学、科研和学校建设上。1979年开办普通班第16期。恢复了短期轮训的传统做法，以自学为主，讲授、辅导、讨论相结合。

五届全国人大二次会议通过并颁布了《中华人民共和国刑法》等7个法律，为做好实施的准备工作，中央政法小组根据中央的指示，在学校开办法制宣教班，每期两个月，调训各省、市、自治区所属政法机关、学校（含军队系统）能担任法制宣教任务的科、处长以上的党员干部，主要学这7个法律，还开设了法学基础理论、民主与法制，补学了实践是检验真理的唯一标准的内容。法制宣教班共办了两期，训练了3000多人，这些同志回到工作岗位后，为这7个法律的顺利实施，做了大量宣教工作。1980—1981年又办了4期普通班和若干专业班，对推动全国政法系统平反冤假错案、拨乱反正、端正路线、整顿队伍，起到了积极作用。

三中全会后，法制建设要加快，政法、公安队伍要加强，中央政法干校很难承担公、检、法、司县以上干部的训练任务。公安部请示中央政法小组，经国务院批准，于1982年恢复为中央人民公安学院。新校建成前，司法干部也由这里代训，每期不少于650人。公安各业务部门也急需训练干部。因此，除了坚持原有的又开办了4期普通班外，还先后开办了公安青年班、公安边防、消防、武警新闻骨干班、内保班、公安部十二局干部训练班、公安部机关干部训练班，以及法院专业班、检察专业班，并筹办起省、市、自治区各级政法领导干部训练班（简称省干班），两年培训4600多人。

（三）

1953年罗瑞卿同志就想把中央公安干部学校扩建成正规的公安大学，专门在木樨地购地600亩建校。后经周总理、毛主席命名为中央人民公安学院。因国民经济刚刚恢复，国家还不能拿出更多的经费建校，加上斗争的需要，开始训练在职的公安、保卫科、处长以上干部。1978年公安部党组批准干校办个大专班，每年招收200名应届高中毕业生。后经党组决定办成国际政治学院（后改名警官大学），与干校脱钩，直属党组领导。1983年，中央发了文件，我又以中央党校的模式，拟出一个办正规大学的方案，学员仍着眼于内招。直到刘复之同志回公安部任部长以后，于1983年6月20日，当面指示："以前的报告不行，要向社会招生，和教育部挂上钩，向国务院写一专题报告，5天之内交党组。"1984年2月，教育部下达了国务院批准的报告。当年招生，规模3000人（本科生2000人，进修、专科800人，研究生班200人）。

由邓小平同志题写校名的中国人民公安大学是适应公安队伍"四化"建设的需要，提高公安民警的政治素质和业务素质，强有力地保卫社会主义现代化建设和改革开放而成立的。筹办的时候就遵循邓小平同志提出的"教育要面向现代化、面向世界、面向未来"的战略思想和多年办学的历史经验，明确提出了"从严治警、从严治校"的方针，对学员实行军事化管理，把学生培养成有理想、有道德、有文化、有纪律，能适应公安斗争需要的各级专门人才。公安大学成立时设6个系（7个专业），一个专修部。当年6月招生，学生9月到校，尽管困难很多，但全校教职工精神振奋，很快做好了各项准备工作。

首先是教师，特别是公安业务教员缺额最多。经刘复之部长批准，从公安部机关干部训练班中选调了近百名有文化，有多年公安工作经验，年富力强的局、处、科公安业务骨干，并批准原一局副局长张泰臣、二局副局长高宪昌、六局副局长梁保初、政治部副主任宁福洪同志，分别担任侦察、保卫、管理、政工系的主任，王阶平任专修部主任。刘复之部长看了满意地说："这个班子好强啊！"应该说这近百名同志对办成全日制公安大学走好第一步起到了重要作用。对学校本身不能解决的如外语、计算机、语文等方面的教员，登报招聘。短时间内报名的近1000人，组织专门班子，请专家考试，专人面试、考核，最后校领导讨论批准后聘用。军事干部在转业军官中选用。这样加上原有教师很快组成一支能适应教学需要的教师队伍。

当时，公安业务教材稀少也是一个急需解决的问题。由公安部办公厅副主任李纪晨、副校长刘玉琳组成编写教材办公室，负责组织全体教员按照各自的专业教学计划，本着急用先编的精神，到5月底就把1984级本科生、专修部的基础课通用教材备齐，公安业务7个专业也拿出了教学大纲。

公安业务教材的付印、出版，必须经公安部审批。为此，党组决定成立公安教材编审委员会，刘部长任主任，副部长俞雷、政治部主任胡之光及公安部党组成员、公安大学校长蔡诚任副主任（蔡诚同志调走后，由戴文殿校长任副主任），委员由公安部党组成员、公安部和各省、市的老公安姚伦、慕丰韵、解衡、王鉴、洪沛霖、魏之民、关子展等29人组成。并从全国调集有理论水平、写作能力和丰富公安工作经验的干部192人（其中公大教员、干部90人），集中到公安大学，全力以赴编写公安业务教材。经过几年的紧张工作，共完成了42种（即48本）880万字的公安高等院校统编试用教材。这不仅解决了公大教材急需的问题，也为全国公安院校教学提供了教材。

公大虽然是第一次面向社会招生，但报考的学生却很多，在四川省只招22人，报名的就有近3000人。8月底学生开始到校，我们组织了严密的接待工作。发扬学校的老传统，从校长、党委书记到一般干部，都投入接待工作中，我把这看成是对学生的第一次群众性政治思想工作。学生到校之前，就把学生宿舍打扫得干干净净，铺好了被褥，创造了舒适的生活环境，并亲自到车站迎接学生。学生到校后首先进行入学教育，蔡诚校长讲第一课，着重讲学校性质、办学方针、培养目标和对学生的要求。我讲第二课，着重阐明公安干部四化中革命化的问题。

1984年10月12日，学校举行了隆重的开学典礼，刘复之部长主持，宣布中国人民公安大学正式成立，蔡诚校长汇报了筹备的情况。中共中央政治局委员、书记处书记习仲勋同志代表党中央、国务院到会祝贺，并作重要讲话，会后举行了阅兵式，学校各项工作进展顺利。现在学校各个方面都有了很大的发展，培养的许多毕业生已成为公安系统的业务骨干。

（作者曾任中央人民公安学院党委书记、中国人民公安大学党委书记）

听毛主席讲保卫工作的重要性

张效良

在纪念毛泽东同志一百周年诞辰的日子里，我不禁回忆起五十多年前，在革命圣地延安听毛主席给我们讲保卫工作的重要性的情景。

1939 年 7 月 1 日，我们八路军太行野战军总部及 129 师的八九名战友，从太行根据地经西安八路军驻西安办事处，坐汽车到达延安中央军委总政治部锄奸训练班学习。在我们学习了近三个月的时候，接到通知——毛主席要来给我们讲话。我们这些从前方回来的二十岁左右的青年，喜出望外，大家立即整装，带上马扎、木凳和笔记本，去聆听毛主席的教导。

因为我们住在山沟里，又没有大的场地，所以我们需要走一里多路到山口外的一家农民窑洞前的场地上集合。在我们坐定后，毛主席坐的小汽车从山边开到山坡下，毛主席下车后，上了一个小山坡到了我们的“课堂”。我们热烈鼓掌欢迎，主席向我们挥手，坐在了桌子后边，准备给我们讲课。他的两位秘书坐在两旁做记录。那天正是我做值日，坐在毛主席的对面，看得十分清楚，他穿一身粗布灰制服，面带笑容环顾了一下大家就开始讲话了。他用浓重的湖南口音，给我们讲了当前的抗日斗争形势，特别是抨击了国民党反动派制造的杀害新四军六名干部的“江平惨案”。毛主席还着重讲了保卫和巩固我们的党、军队和抗日根据地政权的重要性。毛主席讲到这里，吸了一口烟，抬头看了看对面山坡上住的农民说：“你们看农民都懂得保卫工作。他们辛苦一年，收获的粮食，都要保存好，不让它遭受侵害，这就是他们的保卫工作。所以，我们党和军队，必须不断加强保卫工作，你们肩负着重要而光荣的任务。”

毛主席讲了半个多小时，向我们挥手后就坐车离开了。我们大家拥向前，热烈鼓掌欢送毛主席，站在毛主席讲话的地方，久久不愿离去。

在回住地的路上，在座谈学习的时候，大家一致表示，听了毛主席的重要讲话，感到十分荣幸，受到极大的教育和鼓舞！大家认为，我们这样一个小小的训练班，毛主席还在百忙之中抽出时间来给我们讲话，充分说明毛主席、党中央对保卫工作的重视，充分说明保卫工作的重要性，充分说明毛主席对保卫干部的信任、关怀和爱护。

几十年过去了，现在我们所处的形势与多年前相比发生了巨大变化，但国内外的敌对势力对我们的渗透、破坏活动仍很猖獗。我们要不断加强公安保卫工作，牢记毛泽东同志的教导："保卫工作十分重要，必须尽力加强之！"

（作者曾任中央政法干校副校长、中国人民公安大学顾问）

公安教育史上培养的第一批外国留学生

邓 杰

1956 年 9 月 3 日，根据党中央和越南劳动党中央决定，越南人民军派遣了 10 名留学生、2 名翻译来中央人民公安学院学习，至 1958 年 10 月 18 日结业。这是我国公安教育战线第一次培养外国留学生，至今已有半个多世纪的历史。

越南人民军留学生是我国公安高等教育招收培养的首批外国留学生。留学生教育事关我国和越南两国军队保卫工作交流大局，责任重大，学校将其作为一项重要政治任务认真完成。周仲英、何侠、耿红副院长向时任公安部部长兼公安学院院长罗瑞卿、公安部副部长王昭作了专题汇报。罗瑞卿部长亲自作了批示，要求做好留学生工作，并委托王昭副部长代表公安部具体办理相关事宜。越南留学生教育工作总的领导由公安部王昭副部长和中国人民解放军总政治部保卫部部长蔡顺礼负责，在学院专门设立了越南班，由总政治部保卫部张英华同志担任班主任，并配备专门文化教员 2 人、翻译 1 人。

来校前，越方对学员进行了严格的挑选和政审。学员及翻译均系越南人民军劳动党党员，单独组成一个支部，由留学生黎明德担任支部书记，其他学员有范清明、阮辉操、武文陶、杜富明、武友谢、宋春台、武庭需、武文雅、冯家习，翻译为黄青桂、阮洪华。其中，5 人为保卫干部，5 人为其他政治干部，年龄在 30 岁左右，大多文化水平较低，特别是中文水平很低（来校前仅利用每天两小时学习两个月中文，翻译也仅学习了六个月），但是学员学习热情很高，求知欲较强。

根据公安部领导指示精神，学院认真做好留学生教学的各项具体工作。鉴于留学生文化水平低，特别是语言沟通困难等情况，学院决定对他们进行单独施教，专门制订详细的教学计划，王昭副部长亲自参与研究修改，并送越南人民军总政治部保卫局征求意见。教学计划明确了留学生教学方针为："政治与业务相结合，理论与实际相联系"，力图帮助学员初步了解马列主义的思想方法和工作方法，以及对敌斗争的基本政策和公安保卫工作业务的基础知识，并使留学生掌握有关公安保卫工作的技术知识。教学计划明确留学生教育教学内容主要分为四个部分：一是中文课；二是政治理论课，主要讲授马克思列宁主义认识论的基本问题；三是公安业务基础知识（包括敌情、肃反方针政策、政治侦查、预审工作、刑事侦查科学技术等）；四是军队保卫工作。通过上述课程，向留学生介绍我国公安保卫工作的基本经验和我国军队保卫工作的方针原则与业务基础知识，以使学员在保卫工作中树立坚持党的领导、依靠群众、依靠艰苦的调查研究的指导思想。同时，在实施教学过程中深入贯彻保卫工作的一般原理必须与具体情况相结合的原则，启发留学生联系本国实际情况进行思考，使他们回国后能根据越南国内的具体情况灵活运用所学到的知识。教学方法以讲授为主，加强辅导和具体帮助，有计划地组织参观和实习，在学习过程中穿插总结、作业和考试。

此前，学院从未承担过外国留学生教学工作，缺少工作经验，没有现成的教材。为此，学院组织各教研室教师专门为越南留学生编写教材，并从部队聘请教师讲授军队保卫专业课。学院组成辅导小组对学员进行辅导。何侠副院长亲自担任公安政策课主讲。

教学以学员自学和课堂讲授为重点，辅之以讨论、作业和辅导工作，包括预习、讲授、复习讨论和解答问题四个步骤，最后以案例作业和座谈学习情况为结束。针对学员不了解我国公安工作情况，又缺乏业务知识，并且中文水平不高的特点，授课教师安排专门时间组织学员进行预习，使学员弄清中文教材中的生字、词和业务术语的含义，对教材内容有概括性了解，并且通过预习摸清学员有哪些问题不懂，在讲课时有重点地讲透。讲课时教师努力做到以下几点：一是通俗易懂、深入浅出。首先提出问题，其次在理论上加以论述，再次用必要的案例予以说明，最后简要归纳总结。二是一般阐述、重点讲解。对一般问题只做简要说明，对重点问题，讲深讲透，使学员全面系统而又有重点地理解课程的主要内容。三是语速缓慢、字句清楚。长句子或者比较难懂的地方重复讲，对于重要内容写在黑板上通过翻译使学员彻底弄清。复习时给予学员足够的时间消化教材内容，复习前提出具体要求，指出复习重点、参考材料和方法等，复习时学员根据思考和讨论题结合个人钻研、互相交流写出简要的发言提纲，做好课堂讨论准备。课堂讨论由学员支部或班长直接掌握，辅导员参加，通过翻译了解每个人的发言内容，引导学员进行深入讨论，必要时辅导员解答一些问题。然后通过案例作业巩固与发展学员所学知识，衡量学员学习深度。案例的选择注重全面系统体现所学课程的主要内容。布置案例作业前，制订计划并向学员详细说明作业的目的、要求、步骤方法和应该注意的问题。在案例作业中，发现问题和困难及时解决，做好启发思考和组织交谈的工作。最后公布作业标准，做好作业的评比工作。

学院为留学生学员先后组织了三次参观实习：第一次是开学前组织学员游览北京市各名胜古迹，观看话剧、电影，参观重要经济建设情况；介绍公安学院情况，了解我国政治、地理、历史概况。第二次是1957年利用暑假一个半月的时间参观了鞍钢、沈阳飞机制造厂、长春第一汽车厂、抚顺露天煤矿、大连造船厂等，并在大连度假半个月。第三次是1958年10月，结业时由越南班班主任张英华同志陪同去上海、杭州、广州等地参观游览，由广州军区保卫部介绍了军队保卫经验。

越南留学生初到学院，生活不习惯，语言不通，遇到许多困难。学院对留学生学员给予无微不至的关心和照顾，为其配置厨艺较好的厨师，尽量照顾他们的生活习惯。天冷了，为留学生送去棉衣棉被；留学生病了，学院领导及教师不断前去探望；平时经常嘘寒问暖，使留学生体会到了家一样的温暖。总之，学院从衣食住行到文娱生活各个方面都给予留学生以种种方便，保证了留学生学习的顺利进行。

留学生在中国学习期间，自始至终学习热情高、劲头大，刻苦好学，虚心认真。在生活作风上，艰苦朴素，待人诚恳，互帮互助，团结友爱，与学院师生亲如一家，建立了深厚的感情。临别时，依依不舍，向学院赠送了珍贵的礼品作为留念。

通过系统学习，越南留学生在政治、思想、业务等各个方面都有很大提升，取得了显著进步，圆满完成了学习任务。离校时，留学生向学院保证：一定将在学院学到的一切带回越南，联系越南实际运用到工作中去，让中国的经验在越南开花结果。

回国后，越南人民军总政治局保卫局局长范杰同志写来亲笔信，就学院对越南留学生学员的教育表示感谢。周仲英、伍彤同志代表学院给范杰同志写了回信。

（作者系我校办公室综合档案室主任）

回顾中央政法干校的光辉业绩

韩凤路

我是中央政法干校第三期公安班学员，学习一年结束留校从事教学工作直至离休。之前一直战斗在公安工作一线，曾做过敌占区情报交通工作，新中国成立后根据党的需要，从事过公安行政管理、政保侦查、预审等工作。新中国成立初期，公安系统的组织机构尚不健全，干警短缺，同志们绝对服从组织调动，哪里需要就到哪里去，几乎成了“万金油”干部。对此，我至今倍感荣幸，因为这是组织信任，是考验、是责任，这也确实检验培养了我在不同环境下的适应性，为后来的工作打下了良好的基础。

1954 年 9 月中旬，县委通知我到北京中央政法干校学习，并去省人事部门转行政关系。接到通知后我内心非常激动，这是从来没有想过的事，暗下决心一定好好学习，提高思想觉悟和工作水平，报答党的关怀和培养。经过简单准备我于 9 月下旬赴京，在干校报到处注册后，被分配至六班（公安班）。进入六班后，班领导将我编入第二学习小组并指定我当小组临时召集人，后经民主选举正式成为学习组长。小组成员共 12 人，来自全国九个省（区），多是从战争年代走过来的老党员、老同志，大都在县级公安机关正副职领导岗位上。开学典礼时，因正值国庆五周年大典，紧张筹备之际，彭真校长未来参会，由教育长毛铎讲话。他概括介绍了干校办校原则和方法，要求学员牢记执行。同时，告知学员去天安门广场参加国庆五周年大典检阅活动，国庆节后正式上课学习。学员们听后非常兴奋。

本期除了彭真校长、罗瑞卿部长、杨献珍院长、苏达里可夫专家同学员见了面或各讲一次课外，各科教学任务全部由干校各教研室领导亲自主讲。第四期后，彭真同志和政法系统领导不再兼任干校领导职务，全部退出。通过这一阶段的教学实践，充分证明毛主席关于办干部轮训的原则和方法行之有效，已经在干校深入人心，同时干校的师资力量也得到了充实和壮大。中央政法干校从第一期到第五期的教学经验，个人认为值得认真研究总结，因为它对今后干部轮训仍具有指导意义。现将初步感受列下以供探讨。

其一，中央政法干校是在毛泽东亲自谋划建议下诞生的。早在党的七届二中全会时，毛主席就告诫我们，“从现在起开始了由乡村到城市并由城市领导乡村的时期”“必须用极大的努力学会管理城市和建设城市”。新中国成立初期，为了加强城市管理和建设，巩固人民政权，发展经济，毛泽东向中央政务院提出建议：“轮训县（市）长和地县两级的公安、检察、司法（或法院）、民政等五长，以及训练部分政法师资，其目的是，为每个县（市）培养三个到五个明白人。”那时的县（市）“五长”队伍是什么状况呢？他们基本上都是从抗日战争或解放战争中走过来的老党员、老同志，革命意志十分坚定，具有打天下的一定本领，但缺乏治理天下的经验。而且这“五长”又都处在人民政权机构中的关键岗位上，直接面对人民群众，其作风和管理能力的强弱好坏关系着党的光辉形象和国家建设事业的发展。毛主席所指的“明白人”，既深刻又形象，如果用现在的语言来说，就是要求这“五长”必须对党忠诚、理想信念坚定、具有理论与实际相结合和以法治国与以德治国相结合的本领，以利于加强党的领导，巩固和发展人民政权，创造良好的社会秩序和生产秩序，振兴经济，推动社会前进。

1951 年 7 月 23 日，政务院遵循毛主席的指示在政务会议上决定创办“中央政治法律干部学校”（简称中央政法干校），从此全国政法教育战线最高学府正式诞生了。1952 年 1 月初，第一期“五长”培训开办，学制一年。之后连续办了五期。直至 1957 年“反右”斗争后，由于国情和党情的发展变化被迫停办。1959 年根据中央指示，干校与人民公安学院合并，这期间又历经多次变化发展，形成今日的中国人民公安大学。

其二，干校初期的领导班子，具有很强的独特性。毛主席非常清楚，把中央政法干校办成培养“明白人”“大熔炉”，没有一个强有力的领导班子，学校是办不好的。于是派出中共中央政治局委员、中央政法委副书记彭真担任校长，随后任命内务部部长谢觉哉，司法部部长史良（民盟领导人），政法委秘书长陶希晋，政务院政法委副主任、教育部部长张奚若（民主人士）等人为副校长，吴玉章、沈钧儒、谭平山、李六如、罗瑞卿、许德珩、曾昭抡、陈垣等为校务委员会委员。干校的领导班子不仅规格高于省部级建制，而且又多是政法系统权威头面人物，充分折射出我国当时人民政权的独特体制。

其三，干校创办时课程设置是毛主席亲自规定的。毛泽东曾说，办校的两个根本问题是“教什么”和“谁来教”。第一期开学时，彭真同志首次与学员见面就介绍了教学计划：第一单元学习“实践论”，由杨献珍主讲四次；第二单元学习“矛盾论”，由艾思奇主讲五次；第三单元学习党建，由龚子荣主讲一次；第四单元学习国家与法理论，由苏达里可夫主讲八次；第五单元学习“共同纲领”，由谢觉哉主讲六次；第六单元各专业课教学，由中央有关部院负责人主讲，最后用四周时间让学员写学习总结和鉴定。对此安排，彭真同志明确指出：“一年开设六门课，是毛主席亲自规定的。从教学过程及效果看，已不算少了。你们都是共产党员，学习第一、二、三单元课程主要明确世界观、人生观和价值观，也是为解决立场、观点、方法问题；学习第四、五、六单元，是为明确什么是国家和法律，怎样管理国家和执行法律。你们按计划学好了，就能达到做个‘明白人’的教学目的了。”这项课程安排针对性强、意义深远，因为这是共产党人坚持马克思主义信仰和实现共产主义理想必须解决的根本问题，牢牢把握住这个总开关就能经得住各种风浪的考验，立于不败之地。

其四，毛主席为干校指明了教与学的关系问题。他嘱咐彭真在教学中一定坚持和发扬延安时期干部轮训的基本经验。主要是，在教材选用上以原著为主；在教学时间安排上以自学为主；在理论与实践上，首先要学懂理论，然后以学习的理论去总结实际工作经验；在教学的质与量的关系上，强调少而精，重点突出，保证学习效果。

中央政法干校从第一期至第五期的教学实践，始终贯彻上述教学原则和方法，取得了很好的成绩，为国家培训了7000多名县团级政法干部，轮训了150多名省部级政法领导干部，调拨毕业学员300余名作为骨干力量充实到中央政法机关的局处级机构岗位工作，并为兄弟院校输送了200余名办校骨干。在完成培训任务的同时，编写出版了全国尚无先例的《刑法总则》《民法原理》教材；编写了马列主义哲学、政治经济学、国家与法理论、宪法学等通俗讲义，供全国政法兄弟院校试用。事实证明，中央政法干校在全国政法教学战线上起到了“工作母机”的职能作用。同时，这种独具特色的干部轮训教育制度，保证了高素质干部被源源不断地输送到政法系统，使其充满了生机活力。

注：文中有些资料曾在叶云同志生前与其探讨过，并得到了第一手资料。

（作者系我校退休教授）

实行校长负责制以后，党委在学校中如何发挥作用

徐　迈

改革开放后一段时期，在高等学校曾实行校长负责制，这是教育体制改革的新尝试，是国家体制改革系统工程的一个组成部分。中国人民公安大学和公安部管理干部学院是从1984年起先后实行校长负责制的。

在两校领导体制的重大改革中，如何充分发挥党委在院校中的作用，我们有以下几点体会。

一、认真搞好党委职能的转变

实行校长负责制以后，两校在管理体制上的根本转变是党政分开，各司其职。院校工作由校（院）长全面主持和领导，党委发挥保证监督作用。党委职能的真正转变，有赖于党委一班人观念的根本转变。通过反复地学习和实践，我们逐步认识到：这一体制上的重大改革，有利于党在院校工作中更好地发挥政治领导作用，有利于党委从繁忙事务中解脱出来，集中精力搞好党的自身建设，实现党要管党的目的；有利于党委高瞻远瞩，从宏观上把持住院校的发展方向。在实践中，我们深深地感到党委的担子不是减轻了，而是加重了；党委的领导不是削弱了，而是加强了。

认识提高了，关系就顺当了。实行校长负责制以后，院校的党委和行政领导关系融洽，对院校的宏观设想、教育改革、人事变动和基本建设以及其他重大事项，都能以大局为重，共同做出决策，并按照各自的位置，履行各自的职责。

党政两个系统的运转状态，是相辅相成的。两者不能合而为一，合而为一了，就会重新走“一元化”领导的老路；两者也不能二权并列、各自为政，否则

就会影响工作效率。

二、正确行使保证监督权

实行校长负责制以后，党在院校中仍然处在思想和政治的领导地位，由党委体现上级党的意图，保证和监督行政领导行使对院校工作的决策权和指挥权。党委对院校工作的保证监督，要站得高、看得远，决不能把自己降到从属地位，成为行政的参谋助手；也不能以旁观者或“钦差大臣”自居，对院校工作评头论足，指手画脚。而是要站在更高的层次上，总览全局，与行政一起，对院校的大政方针运筹帷幄，共商决策。党委要实现对院校工作保证监督的任务，必须解决好以下几个问题。

（1）对行政领导要给予充分的尊重和大力支持，保证行政领导工作不受干扰。对院校重大问题意见不一致时，党委书记要主动与行政领导交换意见，在尊重行政领导的前提下，开诚布公地提出自己的意见和看法，通过互相研究和论证，取得一致认识。

（2）要加强党的自身建设。从党委书记到各级党组织的领导干部，在思想上、政治上都要做党员和群众的典范，凡是要求别人做到的，自己必须首先做到；凡是要求别人不做的，自己必须首先不做。特别是关系到个人切身利益的事，一定要廉洁奉公，要有先天下之忧而忧、后天下之乐而乐的高尚情怀。

（3）要发扬党的光荣传统，密切联系群众，切实掌握群众的思想脉搏。党委领导（各级党组织领导也一样）要走出办公室，到党员中去、到群众中去，体验他们的生活、倾听他们的呼声、接受他们的批评、研究他们的建议，从而取得改进院校工作的第一手材料和最有权威的发言权。

（4）党委保证要主动。所谓主动，就是要本着对国家、对院校、对师生员工的利益高度负责的精神，对党的教育路线、方针、政策在院校贯彻执行给予大力的保证。

（5）党委监督要积极。所谓积极监督，就是在关心、拥护、支持校（院）长工作的前提下，帮助校（院）长把关，为校（院）长“补台”，防止出现失误。不能以事后诸葛亮自居，而是要和校（院）长同舟共济，积极做好超前防范工作。

(6) 发挥党委在院校管理机制中的推进作用和协调作用。在学校这部大机器的运转过程中，党委好比是推进器，在与校（院）长保持方向一致、步调一致的前提下，要充分调动师生员工的自觉性、积极性和创造性，使大家向着一个方向，形成一股合力，推动院校事业向前发展。党委又好比是润滑剂，对院校的上上下下、左左右右、里里外外都有协调的责任。党委应当积极地进行“合纵连横”工作，从中协调步伐、疏通关系，创造一种安定团结的气氛和比较宽松和谐的人际环境，保证学校的管理机制向着既定目标健康运转。

三、改造和加强思想政治工作

院校党委要在新形势下完成自己的使命，必须加强和改进思想政治工作。这里结合两校的实际情况，谈谈自己的一些认识。

(1) 必须以培养目标为中心。警察院校的根本任务是为公安机关培养、输送人才。将一个普通的青年学生，造就成为一名合格的人民警察，这就是我们的培养目标。两校的思想政治工作必须服从于和服务于这个培养目标。

(2) 必须坚持严格的标准。对什么样的人才可以当人民警察，国家是有严格规定的。招生时不符合条件者坚决不收，入校后不符合条件者坚决淘汰，毕业时不符合条件者坚决不分配到公安机关。这个标准是不能动摇的。

(3) 必须树立平等待人的思想，在人与人之间架起一道心灵的桥梁。思想政治工作者一定要转变观念，不要以居高临下的教育者自居，而要以平等待人的姿态出现。要爱护人、尊重人、理解人，以理服人，以情感人。靠自己的模范行动，使受教育者在潜移默化中自觉地改正自己的缺点，提高自己的思想觉悟和道德修养。

(4) 思想政治工作要从关心人出发，把解决思想问题同解决实际问题结合起来。作为院校党组织，既要引导师生员工树立全心全意为人民服务的世界观，又要做广大师生员工的贴心人，时刻把大家的切身利益放在心上。对评定职称、住房分配及其他工作生活上亟待解决的问题，只要条件允许，就应协同行政部门根据标准尽可能地予以解决。

实行校长负责制以后，党委在院校中如何充分发挥自己的作用，是摆在我们面前的新课题，还需要进行不断的探索和实践，通过深化各项改革，逐步完善。

以上体会是和当时的领导体制及治理环境紧密相连的。在新时代，应该更加凸显中国特色社会主义党的领导这个本质。

（作者曾任我校党委书记兼公安部管理干部学院党委书记）

致力公安学研究　献身公安教育事业

康大民　口述校史工作组

回顾今生，我能够献身于公安教育事业与公安研究工作，堪称幸事。无奈水平有限。光阴荏苒，浅忆回味，简录备忘。

报考师大附中　参加中央公校学习

我的初中是在北京育英中学读的。对于高中，我当时最向往的是师大附中，但其招生录取率很低。经过紧张备考，我考了第 9 名，如愿以偿入读该校。在师大附中读高中时期，我确立了献身于科学事业的志向。我的课余生活丰富多彩，我是班俱乐部主任，负责组织班的课余文体活动；我也是班篮球队队长，下了课我组织大家练球、赛球；我还写大歌篇、办壁报、练画画。今天回忆起来，那些课堂之外的校园生活，很多是我难得的养成教育之事。

1950 年 11 月，“抗美援朝”的动员进了校园，课堂教学受到很大影响。大部分同学响应号召，报名参加“军干校”，我也报名参加海军军校。这时，中央公安干校向师大附中要几名学生，班主任毛鹤龄老师为我们班争得了名额。在和班长、团支书研究后，决定名额有我一个，并很快通知我去中央公安干校报到！我毫无思想准备，很难过，但也只能接受组织安排，到中央公安干校学习。

成为体育课教员　初涉公安教育

在中央公安干校经过一段时间学习后，我被分配到警干大队组织股当办事员。我渴望成为科学研究人才，以知识和技术武装自己。1953 年，中央公安干校改为中央人民公安学院，新开设了初级班，要开体育课，我主动争取去当体育教员。我虽然素日参加体育活动，会点技能，篮球是我的专长（我是校代表队队长），还拿过跑低栏冠军、跳高第三名、400米跑冠军，但其他很多方面根本不够体育教师的水平。如何开设标准规范的体育课？我无所遵循，就去北京体育学院听课，学了体育课教学法，懂得了制作体育课教学教案。就这样一边学一边教，在公安学院开设了相当正规的体育课，从而受到学校领导的表扬。这一阶段，五班女生罗高辉引起了我注意，她在运动会上400米跑和100米跳绳跑都是冠军，还是校女子篮球队成员，并且参加过女子体操队的表演。她毕业分配以后，在米田老师和校干部处周子英处长的关心下，我们结婚了。

转向新的目标　提出建立公安学

我的体育教学任务完成后，发展兴趣转到了公安业务课程上。1981年以后，我暂时没有教学任务，我发现我们的公安业务课并没有同国际上的警察教育接轨，便先后到学校图书馆的内部资料室和北京市各大图书馆，读那些不外借的国际国内警察学名著（达三十余册）和警察刊物，并摘要做笔记。从金国珍的《市公安》，我看到北伐战争时期的警察局改为公安局的历史，领悟到我党关于公安机关的称谓符合世界治安部门发展的主流趋势。我那时形成坚定的思路——只讲警察学不够，还必须讲公安学！

我意识到，公安事业突出地体现公益性、服务性的特征，与警察学有所不同，以公安事业为研究对象，其学科的名称应当称为“公安学”。1983年，公安部的《内部参阅》发表了我的文章《应尽快创立公安学》。当时的公安部副部长兼公安学院院长王文同采纳了我的意见，并于1984年决定将我参加主编的《公安学概论》列入“公安部教材编审委员会”书目。1987年，上海召开的公安学研讨会将“公安学基础理论”确立为公安学带头学科，我也被认为是“公安学学科带头人”。

上述教材，仅用了我积累的资料的很少一部分。后来我将读书笔记中积累的素材加以连缀，即汇成一册《公安论》，付诸出版。

在进一步的研究中，我特别关注了现代警察中救助服务职能的发展，收集、阅读了介绍法国治安警察、意大利宪兵、美国社区警察、奥地利生态警察、巴西护妇警察、澳大利亚划船卫队等方面的材料，体会到警察具有的公共福利性是不可忽视的。2001年，我写了《广义公安论》。

之后，国际上兴起了理性的研究思潮，国际警界也突出对理性意识进行了论述。经进一步研究国际警界的新论述，我写成《理性公安论》，并于2009年出版。公安部原副部长王文同看了说：“看到康大民教授的新作《理性公安论》很高兴。这是他继《公安论》《广义公安论》之后又一本研究公安学基础理论的著作。这三部连起来可以称‘公安三论’”（见王文同为《广义公安论》写的序）。

喜见公安学快速发展　为“一级学科”欢呼

公安学自建立以后，受到公安系统以及社会科学界、教育界的高度重视和支持，有着较快的发展。2011年3月，国务院学位委员会、教育部印发的《学位授予和人才培养学科目录》中，公安学和公安技术分别被列为国家一级学科。2012年7月，教育部批准公安大学的公安学和公安技术为一级学科国家重点学科。我已年逾八旬，对于公安学的发展再难有作为，但是看到其日新月异，现在的心境，正如“待到山花烂漫时”。

（作者系我校退休教授，享受政府特殊津贴学者）

公安大学第一本国家级获奖教材《公安管理学概论》的编写

董剑秋 杨建和 口述校史工作组

《公安管理学概论》一书由公安部副部长俞雷任主编，公安大学公安管理系副主任董剑秋任副主编，王光、王观德、刘汉丰、李海明、吴肖天、杨建和、董剑秋（按姓氏笔画排序）任撰稿人，初稿经集体讨论，由正、副主编统一修改定稿，于1986年5月由中国人民公安大学出版社正式出版发行。1992年11月，《公安管理学概论》荣获第二届全国高等院校教材评审优秀奖，这是公安大学编写的教材中第一本获得国家级奖项的。此前，该教材还一举斩获了首届公安系统教材评审特等奖，也是唯一一本获得特等奖的教材。让我们走进历史，共同回顾这本教材的编写过程。

为发展公安教育事业，加强公安队伍正规化建设，解决公安系统没有正规高等院校本科教材的问题，1984年7月，公安部党组成立了“公安教材编审委员会”，决定编写38本公安专业教材，简称统编教材。《公安管理学概论》就是这38本统编教材之一。

开始编写《公安管理学概论》时，公安大学和公安管理系都是刚刚成立，招收第一届本科生，谁都没有上过《公安管理学概论》这门课程，编写教材面临着极大的困难。首先，资料短缺。当时对于现代管理理论的研究，在中国才刚起步，更别提公安管理理论了，可供参考的资料少之又少。其次，编写组成员中包括主编在内没有一个人深入研究过管理学，甚至不知道管理学为何物。最后，公安管理学是一门边缘性、综合性的学科，涉及自然科学、社会科学、管理科学、法学等学科知识，编写组的“老公安”虽然熟悉公安业务和公安管理的历史和现状，但都有各自的知识缺陷。

即便如此，既已奉命接受任务，再怎么困难也得迎难而上。编写教材的过程中，仅列提纲就花了几个月。与此同时，董剑秋、杨建和等撰稿人还经常骑着自行车到北京各个高校去听课，参加培训班，只要和管理有关的就听。当时这些四五十岁的“老公安”就和那些青年学生坐在一起，听课、记笔记，不懂就问老师，有时候提的问题比青年学生还多。为了节省花在路上的时间，大家经常早上带着饭去听课，中午就在学校一边看书一边吃饭，也从来不曾注意到饭菜是凉的。就这样，大家没日没夜地学习、夜以继日地工作，一边收集资料一边编写教材，齐心协力、众志成城，达到了近乎忘我的程度。大家按照大纲的章节分担撰稿任务，初稿写出后送主编审阅。

《公安管理学概论》由公安部副部长俞雷任主编。俞副部长绝不是挂名主编，他对教材编写工作非常重视，编写大纲和书稿定稿都由他拍板定案。他审稿很认真，逐字逐句，像老师批改作业那样仔细，不仅写出修改意见，对写得精彩的段落，有时还写下赞语。由于俞副部长日常还要负责公安部许多工作，对教材的编写工作不可能面面俱到，因此，教材日常的编写工作都是由董剑秋副主编主持的。

《公安管理学概论》编写组是一个老中青结合的团队。除了董剑秋、杨建和、王观德等主要撰稿人外，王光和吴肖天都是刚参加工作不久的大学毕业生。他们开始只是做一些辅助性的工作，主要是帮助收集资料和对其他人写出的草稿进行誊抄。抄写书稿的工作量很大、很单调、很辛苦，他们不厌其烦地反复抄写，毫无怨言。为了对他们进行培养，充分发挥他们的特长，董剑秋和杨建和、王观德同志协商后决定让他们承担一部分编写任务。这样，王光、吴肖天就成了教材的撰稿人之一。另外，《公安管理学概论》的成功面世还离不开校外人士的倾力相助。安徽省公安厅办公室副主任李海明和广东省警校教师刘汉丰都被借调来参与了教材编写工作，发挥了重要作用。

编写组成员全力以赴、顽强拼搏、团结一心并克服种种困难，使《公安管理学概论》终于得以出版。这本教材填补了公安高等教育公安管理学基础理论的空白，主要撰稿人分别到河北、云南、甘肃、贵州、湖北、内蒙古的公安机关和公安院校以及交通部人民警察学校、中国人民警官大学等处讲课，扩大了教材的影响力和知名度。可喜的是，这本书获得了首届全国公安系统教材评审特等奖和第二届全国高等院校教材评审优秀奖。

多年后的今天，董剑秋和杨建和两位编者认为，由于时间短、资料不足和编写组水平有限，这本教材还是有一些不尽如人意之处，缺点错误在所难免，全书甚至存在借鉴和移植的刀痕斧迹。多年来，现代化管理理论和技术得到了迅猛发展，特别是现代信息技术、互联网技术都已经在公安管理中得到普遍应用。回头看，这本教材已经落后于时代要求了。可喜的是，公安管理学理论正在不断地发展和创新。

（作者系我校退休教师）

政治强，能说、会写、善管理

——我的“一言之师”教育

高德原　口述校史工作组

公安大学开办本科教育之时，就是我的教学生涯开始之日。1984年8月，我在公安部从事了23年公安工作之后，来到公安大学开始了陌生的公安高等教育工作。1999年，在我65岁之际，正式退休离开了十分热爱的教学岗位。总结我在公安大学的15年教学生涯，我把它概括为：在岗十五年只教学生一句话“政治强，能说、会写、善管理”，人称“一言之师”。

退休以后，我也曾到一些地方旅游参观，免不了要顺便看望从公安大学政工、管理专业毕业的学生。他们之中的1984届至1988届学生，已在各级公安机关工作了许多年，而且有一批人担任了各级领导职务。师生相见，分外亲热。学生少不了回忆起在校生活、学习的美好情景，言辞之间饱含着对母校的深切怀念和对老师的敬重之情。听到学生这样对我说：“在校四年，您给我们上了不少课，讲了不少话，差不多忘光了。唯有您要求我们做到‘政治强，能说、会写、善管理’这句话，却刻在心里，永远难忘。”后来在别的几个地方，又听到学生同样的赞语，还说：“这句话，在学校指导着我们的专业学习和专业技能训练；走上工作岗位后，这句话还管用，还要照着去做。”听到学生的夸奖，我心里当然不亦乐乎，有缘成为他们的“一言之师”，深感当教师的欣慰和自豪，深觉后半生从教的充实和满足！

想起来，不但听过我讲过这句话的学生难忘，而且我自己对此也是刻骨铭心，因为这是长期从事公安实践的体验和心声。这“一言之师”最开始是我在新生专业教育课上的讲话内容。专业教育是新生入学后的第一课，如何使学生树立正确的专业思想，懂得专业的基本内容和要求，第一印象至关重要。作为主讲教师，如果不假思索把学校教学计划中提到的管理专业十七项素质、政工专业十三项素质每项加以解释，就可以应付。但是，我考虑的是如何将教学计划的原则规定，具体化、简明化、个性化，用自己的体验、语言，直白地告诉学生，使其掌握要领。结合我在公安部业务局、政工部门和基层公安工作中的经验，就琢磨着向政工、管理专业学生提出了“政治强，能说、会写、善管理”，一句话共十个字的要求。这句话在新生入学教育课上讲了之后，得到一些教师的认可和学生的肯定，并成为我以后进行这类教育的“教案”，讲了很多次，只不过随着形势和实际的需要，不断赋予新的补充和内容。

何谓“政治强”？就是要求学生树立职业诚信观念，忠于党、忠于祖国、忠于人民、忠于法律，使学生明白，我们要在党的绝对领导之下，运用法律武器，为捍卫国家政权和人民利益而奋斗，这是政治工作者、公安管理者的政治立场和政治原则。要有四个意识：一是党的意识，公安机关是党的绝对领导；二是政权意识，人民警察是国家人民民主专政的重要工具之一；三是人民意识，警察要全心全意为人民服务；四是法律意识，一定要按照国家的法律规定来执行。

何谓“能说”？就是会说中国话和外国话，不仅要求学生通过学习和训练，讲好普通话，让人一听就明白，有说服力，还要掌握一门外语。

何谓“会写”？就是要求写得一手好的、漂亮的文字，干净利落，大气大方。再就是会写文章，能写一手好字、一手好文章，在公安机关绝对吃香。

何谓“善管理”？就是要求学生学好专业课，掌握广博的业务知识和过硬的本领。

“政治强”是目标，解决当人民警察为了什么；“能说、会写、善管理”是手段，解决当人民警察怎么干，才能实现目标。政治和业务，密切结合，协调发展，造就全面发展的公安高级专门人才。

提出这句话，与其说是对学生的要求，倒不如说是教师的责任。提出要求只是专业教育的开始，实现专业教育的目标，则要师生共同努力，贯穿四年始终。为帮助学生落实这句话，我同老师们一起，充分利用课余时间和结合课堂教学，在几届学生中连续不断地开展了“六项实用技能训练”，即要求学生具有良好的写字技能、写作技能、演讲技能、调查研究技能、评述技能和摄影摄像技能。每项技能训练，都要精心策划，持之以恒，方能奏效。我们看到许多学生在中小学没有受过严格书写技能训练，写的字歪三倒四、拖泥带水，很不规范。为矫正这种不良书写习惯，帮助学生写得一手正楷钢笔字，对他们进行了硬笔小字训练，要求学生用方格纸，临摹字帖，一丝不苟，日练一篇，半月送指导老师审阅一次，长期坚持，只有得到技能训练指导小组评定合格，方可辍笔。然后在此基础上，我们再聘请书法修养好的老师、公安机关书法爱好者和中央工艺美术学院书法专业老师开展系列书法讲座，借以进一步增强学生的书法兴趣和素养。我们还看到许多学生不善言辞，普遍存在着怕人前讲话、怕课堂发言、怕上台讲演，不敢或不会展示自我。针对这种状况，我们聘请中央人民广播电台高级播音员夏青、方明开设《关于口头表达技能修养》讲座，聘请天津市南开区公安分局政委等人讲授《人民警察讲究语言艺术的必要性》，以提高学生的思想认识。然后，我们组织学生开展“五分钟演讲比赛”，为每个人提供上台讲话的机会，这样逼着他们进行几轮训练，学生得到了全面锻炼，不但话说好了，而且观察能力和思维能力也有提高。重视写作技能的培养，一直是我们专业教育的重要环节。每年举办一次论文比赛，人人参加，还从公安实战部门聘请负责同志来为学生作制作各种公安应用文件的讲演和训练，使学生提前进入实践角色。

围绕这句话开展的“六项实用技能训练”，曾取得良好成效，荣获学校优秀教学成果奖。有些学生在校就在报刊发表文章、出版作品；很多学生在学校举办的书法、演讲比赛中获奖，成为用人单位首选的对象；还有一批学生在实践中运用在校掌握的各种技能，发挥自己的优势，成为公安工作中的骨干。曾有一位四川省成都市的学生给我来信说：“因为搞内勤，所以经常动笔杆，写材料、写宣传报道。这个月发了6篇稿子，登了5篇，恰巧在昨天报纸的一、二版上都用了我的稿子。您一直期望我们能文能武，尤其能动笔。自己的东西能发表，自己固然高兴，但我想您一定更高兴。所以我把报纸寄您一份，请您与您的学生，一起分享成功的喜悦。”

福建省南平市有位学生来信这样说：“现在政工科当‘笔吏’，上来第二天就写文章，半年来写了29篇，有的文章，领导很赏识。”他还说：“如果老师在教学中有意识地督促师弟、师妹们注意外语学习、专业技能培养和多写些文章，那么他们就能很好地适应今后工作，公大的牌子就能更快、更好地创出来。”有一次到北京一个派出所调研，该所政委这样评价一位公大学生："他的到来，使我理解了'鹤立鸡群'的含义。他的外语、口才、文笔、组织能力都是一流的。所里的文件大多出自他的手笔，成了我们的'秀才'，像这样的毕业生，我们真是太欢迎了。"听到这些话，我们更加坚定了继续做好学生专业思想教育和专业技能训练的信心和力量。

学生的成长、进步和成就，是其诸种素养长期积累的综合效应，绝不可能是某人某句话的决定影响。"政治强，能说、会写、善管理"虽然是我最早提出来的，但本质上是系里老师集体智慧的结晶，今天忆起这"一言之师"往事，只不过表明我们那时为帮助学生成人成才，所抱的热情、所作的思考、所付的实践。

（作者系我校退休教授、享受省部级津贴学者）

图书馆里的《知识园地》

李增祥　口述校史工作组

我于1953年3月从华北人民革命大学调到中央政法干部学校，被分到国家与法理论教研室进行教学辅助工作。1959年，中央政法干校和中央人民公安学院合并，我又调入政策法律教研室。1963年7月，我从教研室调到图书馆工作，一直到1991年4月正式离休。

这里我主要说一下1963年9月到1966年6月，校图书馆在老主任陈雅光同志的带领和主持下，积极改进图书资料工作，更好地为教学服务这一段经历。

《知识园地》的萌芽——化被动为主动

当时图书馆主任是陈雅光同志，她很早就从事图书馆的工作，还参加过大革命时期的革命工作，政治觉悟和文化水平都很高，工作经验也很丰富。图书馆工作人员虽然兢兢业业很辛苦，对教学工作也有贡献，但是和教学实际相比，她总感觉还是比较被动，并不符合教学需要。她就设想，我们不能坐等着读者来借书，而应当化被动为主动，把对教学有用的、学员需要的东西摆在他们面前，满足他们的需要。我们就把原来卡片柜里对当前学习有用的卡片拿出来，单独放在一个地方展示，学员到图书馆以后不用再到卡片柜里大海捞针，在这个单独展示的地方就可以把卡片抽出来进而去借卡片上列明的书。另外，老主任还设想搞一个大壁报，以大字报的形式把一些内容写出来，给学员一个直观的感受，并取名《知识园地》。老主任的这些想法可不是凭空而来的，都是根据当时学员和教学的实际情况提出来的。

《知识园地》的出发点——立足学员实际，服务教学工作

当时的学员都是县级以上的干部，诸如县长、检察长、司法局长这样的领导干部。他们出来学习的机会比较少，到这儿以后学习积极性非常高，总想尽可能多地学习知识。但是有的人文化水平比较低，学习起来比较困难，就需要有一些专门针对他们的个性化的贴心帮助。此外，当时学员主要学习马列主义原著，经常一两千人在礼堂上大课。教师讲课当然讲得很好、很详细，但主要讲的都是理论脉络，学员只能掌握基本观点，不可能面面俱到，对一些具体的名词、成语等也无暇多论。对有些学员来说，这些就可能成为他们领会基本原理的“拦路虎”。我们《知识园地》就针对这种情况，帮助他们解决一些一般的“拦路虎”。这些问题解决了，对他们领会理论知识自然有帮助。

《知识园地》的内容——以学习为主，兼顾时政

为了提高《知识园地》的针对性，不放空炮，我就跟着学员们去上课。一些老师讲得不够仔细，但是学员需要知道的，或者提到的一些成语，如“不入虎穴焉得虎子”，我就赶紧记下来，下课后有针对性地找材料、编稿子。稿子都非常短，也就两三百字，因为以大字报的形式一张纸写不了多少内容。

《知识园地》还有一项内容是帮助学员了解时事政治。学员到校后整天闷头学习，看报纸也是一扫而过，甚至根本没工夫看。因此，给他们提供一些时事政治方面的知识就很有必要。一些报纸上的大事件、一些特殊的人物，都在《知识园地》里有介绍。我印象最深的是 1963 年年底周恩来总理不辞辛劳，利用一个月时间接连访问十几个非洲国家这一外交史上的壮举。我们那时就在《知识园地》里画了一幅很大的非洲地图，周总理每到一个国家，我们就把路线用红箭头标出来，并在所到国家位置插上小旗子之类的明显标志，在旁边简单介绍这个国家的情况。当时学员们无不争相观看，这对他们了解时事政治起到了相当大的引导作用。

《知识园地》创办效果——“图书馆一到晚上灯火辉煌”

当时，一到晚自习或者下自习后，学员都到图书馆来。好多学员都争着看

《知识园地》，还有不少人把小马扎拿来，黑压压地在前厅坐一大片，在那里一笔一笔地抄。除了来看《知识园地》，还有看报纸的、借书的，熙熙攘攘，相当热闹。学员对《知识园地》是非常欢迎的，所以后来有不少学员向部班的领导和图书馆的领导提出来，说总坐着抄《知识园地》挺费劲的，希望能将其编印成册，发放给大家。

各部班对《知识园地》比较认可，认为对学员学习确实起到了一些辅助作用。校领导对图书馆密切配合教学工作也比较满意。我记不清是在一期教学简报还是学校工作简报里面，就曾提到图书馆和礼堂配合教学、服务教学的工作做得不错，从校领导的角度对图书馆的工作给予了肯定，这对我们这些搞图书资料工作的人更是一个很大的鼓舞。

上面我说的都是几十年前的事了。这些做法现在看来都是非常简单、不值一提的。但是，这又是服务于当时的实际情况的。现在我们国家、学校形势一片大好，我校的图书资料工作在建设、规模、服务手段等各个方面都有了长足的进步和飞速的发展，这是当时所无法比拟的。情况变了、条件变了，工作和服务的手段也要变，而历史地去看当时那些做法，还是有益的。

（作者系我校离休干部）

我的“圆明园、卢沟桥”爱国主义实地教育

查秉枢　口述校史工作组

踏实教学是成功之道

我是1987年正式从北京工业大学调到公安大学的。我与公安大学的不解情缘与时任副校长徐迈同志的夫人息息相关。我俩同为南开大学毕业生，正是由于她的介绍，我才知道公安大学招聘教师，才开启了我27年的公安大学教学历程。我开始是在学校党办工作，但是我坚决要求搞教学工作，因为教学是教育者的天职。在马列部教学工作中，我主要负责两个方面：一是党史教学，这是课堂任务，本职工作；二是爱国主义教育，特别是圆明园、卢沟桥实地教学，这是我在北京工业大学工作时，从“文革”时期就逐渐萌发的想法，完全是自发进行的，引起了很大反响。

凝心聚力是力量之基

“文化大革命”期间，学生也存在着相互斗争的现象，我是十分反对的。我同学生讲，如果你有本事就去打外国敌对势力，同学之间有什么好斗争的？有相当一部分学生也同意这种观点，所以我避开了窝里斗、两派斗，先带同意我意见的学生到圆明园、卢沟桥开展爱国主义教育。

选择圆明园和卢沟桥是有原因的，我是受了我中学老师的启发。火烧圆明园、卢沟桥事变，列强侵略中国，令我久久不能忘怀。“文化大革命”闹得最凶的三四年里，只要有时间，我就去圆明园和卢沟桥。我兜里揣两个馒头，就着两棵大葱就是一顿饭。我当过兵，参加过抗美援朝，不怕苦。去得多了，我对卢沟

桥和圆明园就有了比较全面的了解，日本人怎么进攻卢沟桥，英法联军怎么火烧圆明园，并且在火烧圆明园时，珍贵的东西被抢了多少，甚至有几个枪炮眼儿我都搞清楚了。

寓教于乐是教学之精髓

教学之精髓在于学生愿意学、老师乐于教，教学双方良性互动。1979 年，我在北京工业大学教一年级学生党史课，大多数学生是从中学考上大学的，学习劲头不足，思想懈怠，不是很重视学习，没有紧迫的责任感。针对这个情况，我就开始带学生到圆明园、卢沟桥进行爱国主义教育。“以史为鉴使人明智”，在强烈的史实对照、景观对比、抚今思昔中，激发学生们为振兴中华而学习的强烈责任感。到公安大学后，我把这个传统延续了下来。当时学校里有人支持、有人不支持，有比较熟的人开玩笑说：“查老师，你带他们到圆明园、卢沟桥干吗呢？这不是吃饱了撑的吧！”但是这样的现场教学，学生是很爱听的。学生刚刚进入大学，在教室里面坐不住，带他们出去开阔视野，同时又能传授知识、宣扬爱国主义，为乐而不为？

我同其他人说，带学生去圆明园、卢沟桥不是去玩，而是寓教于乐。这样的爱国主义教育很受学生们欢迎，对他们的影响很大。经过这种爱国主义教育以后，他们的思想就有了改变。

有一件事令我印象十分深刻：有一位学生去圆明园之后，把圆明园的土包了一包回来，寒假回家带给他父亲看，给他父亲讲圆明园。这个学生的行为又影响到了我，这种相互教育的形式是这个活动继续发展下去的重要推力。

巧用方法是条件所需

当时开展爱国教育有一大难题，那就是门票，学校没有经费报销。而当时一个年级有几百人，包括侦查系、治安系、法律系、管理系等，以我个人工资也付不起那么多钱。我就想了一个办法，带着学生从后面绕进去，一分钱都不用花。其实圆明园卖门票的人也支持我们，我们不怕被人发现，他们说：“查老师，你们这是好事，应该支持的，不应当买票进去。”就这样，解决了实地爱国主义教育的最大难题。之后我每年都带学生去，一直坚持了很多年。

卢沟桥也需要买票，但是早上七点之前是免费开放的。我就和当时的区队长黄海军两个人一起策划，组织学生凌晨从学校出发，早上六点就能到卢沟桥。在卢沟桥，我主要讲日本人怎么进攻卢沟桥，怎么实施侵略和中国军队的抵抗，不到七点我们就介绍完了，然后就上宛平城墙。这个时候工作人员还没有上班，所以也不用花钱买票。有时候坐公共汽车过去，有时候就直接从学校走过去。

从20世纪60年代以来，我领着学生队列到圆明园、卢沟桥的次数已记不清了，但是每一次爱国主义教育活动都给我和学生留下了难以磨灭的印象！在圆明园、卢沟桥、宛平城墙前，师生百人高唱国歌“……冒着敌人的炮火，前进！前进！前进！进！”歌声激昂回荡！目睹外寇入侵留下的残破遗迹，触摸城砖上的弹孔伤痕，犹似警钟长鸣！每次教育结束后，学生们都感慨万千，总结收获，写心得体会。这样一来，由教师主导下的爱国主义教育就转化为以学生自身为主体的自我教育，有的班级或团支部还自发组织讨论。

离开圆明园，告别卢沟桥，回眸宛平城，在徒步返京的途中，高昂的歌声此起彼伏，学生们满怀拳拳报国心。我相信，“勿忘国耻，振兴中华”已烙印在每位学生的心中！

（作者系我校离休教授）

逼上梁山

——第一次走上1985级干部专修班讲台的回忆

杨建和　口述校史工作组

1986年下学期，公安管理系1984级本科生和1985级干部专修班的《公安管理学》课程同时开课。这是公安大学第一次开设这门课程。作为公安管理系的教师，为系里的本科生授课义不容辞、责无旁贷。而对干部专修班的课程，系里有些为难。专修班的学员都是从各地公安机关选拔来的有着较为丰富的公安工作经验和管理工作经验的科处级干部，共四个班二百人。给他们上大课，系领导没有把握。主管教学工作的副主任董剑秋提出由校领导分别承担部分授课任务。这个建议被戴校长接受了，但后来并没有这么做。戴校长也不好再把这个任务退回管理系，就从别的系找了一位老师来承担讲课任务。这位老师在公安部工作过，有着丰富的公安工作经验，还是部里小有名气的笔杆子，参与过许多重要文件的起草工作，对公安业务和公安机关的宏观管理情况非常熟悉。当戴校长找到他，请他担任专修班《公安管理学》授课教师时，他欣然接受。

照理说，这位老师讲课不应该出什么问题。但是，事情往往出人意料。没上几次课，不知是在哪个环节上出了问题，学员意见很大，要求换老师。经过领导作工作，暂时把事情压了下去。可是没多久，学员又闹起来了，怎么做工作也没用，而且扬言不换老师就去找部长反映。于是，校领导决定，还是由管理系的教师来接这门课。这样，任务又压在了管理系的头上。一天，董剑秋副主任找我谈话，让我去接1985级专修班的讲课任务。我说："现在的授课老师我了解，很有水平，比我强多了，他都镇不住，我怎么行？"董副主任说："什么也别说了，校长说了，这是命令，接也得接，不接也得接。"事情到了这个地步，我无路可退，只好硬着头皮接受任务。所以，我给1985级专修班讲授《公安管理学》是“逼上梁山”。

既然被逼上讲台，就必须勇敢面对，不能出问题。我仔细分析了自身情况，虽然水平不是很高，但也有一些优势：一是受过高等教育，在多年的社会实践中又有不少积累，知识面较宽；二是在公安部工作过，虽然既没有当过大官也没有做出什么大事，但是耳濡目染，听的、看的、做的都是与公安工作和公安管理有关的事，所以对公安业务管理情况也还有所了解；三是对《公安管理学》教材比较熟悉，自己毕竟是教材的主要撰稿人之一，又参加了数本教材的修改和统稿工作，应当说，这是一个很大的优势；四是自认为口才和语言表达能力还可以；五是在编写教材的过程中，也学习了不少管理学知识，积累了一些资料。因此，对讲好课，我还是有一定信心的。我知道，这是在自己给自己鼓气，“夜过坟地吹口哨——自己壮胆”。

为了讲好课，我在备课上下了很大工夫：认真写出讲课提纲，讲稿也写得很细；讲课前，对授课的内容、重点、方法、节奏、事例等都做了设计；还在家里大声练习，并用录音机录下来，边听边找出问题并加以改进。

当我第一次为1985级专修班讲课时，有关校领导和系部领导都来听课。一上课，我就坦率地对学员说，我是公安管理系的教师，奉命为大家讲授《公安管理学》。我虽然在公安部工作了二十多年，但当老师还是新手。我会认真备课、认真讲课，争取把课讲好。也希望大家积极配合，共同完成好这个教学任务。对讲课有什么意见，欢迎大家批评。我站在讲台上向下看，只见黑压压一片，整个大教室坐得满满的，大家表情都很严肃。令我吃惊的是，在整个讲课过程中，课堂内非常安静，除了我讲课的声音和我在黑板上写字的声音，就只剩下学员们“沙……沙……沙……”记笔记的声音了，偶尔传来一两声咳嗽声，更显出课堂的安静。这种气氛，使我增强了信心，我的情绪也被充分调动起来，近乎超常发挥。在课间休息时，我到学员中听取意见。我问：“这样讲行不行？”学员们异口同声地回答：“行。”有的说：“很好，就这样讲。”讲课的内容得到学员们的认可，也得到了到场领导们的肯定。领导们松了一口气，我心里的一块石头也落了地。

从此以后，课程进行得非常顺利，我和学员们也相处得很好。他们认真听课、认真记笔记、认真写作业、认真写论文，可以看出，他们对这门课很感兴趣。现在看来，无论是《公安管理学》这本教材，还是对这门课程的讲授，都有许多不足之处，但它毕竟是一门崭新的课程，是第一次把公安管理作为一门学问搬上讲台，使丰富的公安管理实践经验系统化、理论化。特别是这门课程把一些现代管理的理念知识同公安管理的经验结合起来，使学员有一种新鲜感，激发了大家的学习热情，使他们受益匪浅。这批学员后来大都成为局处级领导干部，有些还成为省部级领导。他们的成长、进步，在很大程度上得益于在公安大学对多门课程的系统学习，其中也包括对《公安管理学》的学习。

（作者系我校退休教授，享受省部级津贴学者）

见证公安大学创建初期历史点滴

李先觉　口述校史工作组

李先觉同志曾任我校工会主席。他虽年过八旬但仍精神矍铄，在得知我们的到访目的后，拿出了事先准备好的几页手稿，开始同我们讲起了他们那代人与公安大学的故事。

中国人民公安大学是在中央人民公安学院、中央政法干校的基础上于 1984 年经国务院批准成立的，在此之前学校的任务是短期培训。在短训班的基础上成立全日制正规大学，并且在短短半年时间里就要招生上课，可想而知当时的压力之大。我们就在那个时候，来到了公安大学。能够在短短的时间里百事就绪，非常不容易。在那个年代，改革开放没几年，百业待举，公安高等教育也是摸着石头过河，大家都在探索适合中国国情的公安教育之道。

当代的治警理念中，政治建警居于核心地位，警校的教育目标中，忠诚可靠也是考验预备警官政治上是否合格的标准，这些并不是新时代的创举，而是公安工作中优秀经验的传承。当时学生入校后，学校领导和老师就跟学生说，我校培养的学生是未来的公安专门人才，是社会安宁和人民生命财产安全的保卫者。公安大学的学生首先是人民警察，其次才是大学生。所以，当时就强调“从严治警、从严治校”。让每个学生明白，进入公安大学，首先要有为公安事业、公安保卫事业献身的精神。

公安大学能很快办起来，离不开建校初始来自公安部的一百余人的辛勤奋斗。这一批人是公安部的业务骨干，因为历史原因来到公安大学。他们被安排到公安大学工作后，本着高度的政治自觉和对党的热爱与忠诚，在各自的岗位上任劳任怨、埋头苦干。这批人，有的在公安部就是局长，到学校来当系主任

(处级)，但大家没有怨言，始终勤勤恳恳、兢兢业业地干。还有一批处级干部，不是行家里手就是理论工作者。当时因为历史原因，亲朋好友都回避这些人，他们心里能痛快吗？但是，这些人都把个人感受置之度外，本着都是党的人，党让去哪里就去哪里的精神，以党的事业为重，辛辛苦苦创业、勤勤恳恳工作，为公安大学的正规化建设搭了很好的“架子”。说起公安大学的历史，不能忘记这些人。

说起建校元老，李主席自然就提起了公安大学首任校长蔡诚同志。蔡校长是一个好的带头人，他的领导能力、魄力与为人，都令人佩服。蔡校长在公安部任党组成员，来到公安大学，大家都很尊敬他。蔡校长和广大师生打成一片，在师生中享有崇高的地位。来校以后，蔡校长争分夺秒抓全校的工作，虽然家就在公安部，但回家的时间很少，吃住都在学校。蔡校长善于调查研究，听取各方面的意见、听取各方面的声音，特别关心学生。学生课堂、餐厅、宿舍、操场等各个角落都有他的身影。晚上学生都睡觉了，他还在巡视，个别老师黑板上的错别字、校园里哪个路灯不亮等小问题，他都能知道。他头一天发现问题，第二天就找有关负责部门解决问题。他在坚持原则、严肃认真的同时，待人很亲切、很随和。在短短的一年当中，他就带领学校走上正轨，为公安大学的发展打下了基础。

李主席以前有个外号叫校办“老黄牛”。在筹建公安大学时，他本人也是没日没夜地工作。那个时候，公安大学所有的文件、报告、简报、通知、请示，都要经他本人的手，要起草很多文件，做很多计划，经常加班到凌晨一两点。校办成立之初，大家没有工作经验，李主席想到了“走出去”，去北大、清华、政法、南大等兄弟院校取经，学习先进经验。他本人结合学校实际，建立起比较系统的岗位责任、奖罚条例、纪律章程等，使校办和学校各职能部门能正常运转。

没有艰苦创业的精神，没有敢闯敢干的精神，公安大学不可能顺利创建，也不可能发展到今天，取得一个又一个瞩目成就。

李主席对我们年轻的一代寄托了殷切希望。没有李主席这一辈人的艰苦实干，就没有公安大学发展的深厚根基，也没有公安大学成长的强劲动力。厚积薄发，与其说公安大学的未来属于年轻一辈，倒不如说公安大学的美好蓝图一直都由老前辈和年轻人共同描绘，他们为大家指明了发展方向，不仅是后来人事业上的引路人，更是后来人人生中的慈爱师长，他们在陪同我们继续砥砺前行的同时，用自己忠诚的党性感染、鼓舞着我们，为公安大学的未来继续奉献着青春和活力！

（作者曾任我校工会主席）

秉承传统，奋勇前行

王同魁　口述校史工作组

甘为人梯谈教学

初次见到王同魁老师是在一个阳光明媚的上午，微风徐徐。今年（2018 年）78 岁的王老师步伐依然矫健，军绿色的警察衬衣衬托出老一辈公安事业奋斗者的身影，纽扣扣至最上面一颗彰显出老人一生的严谨作风，这是王老师留给我们的第一印象。

王老师从小成绩优异，1960 年被北京师范大学中文系录取，大学期间王老师对古典文学产生了浓厚的兴趣，正是因为对古典文学这份热爱，王老师终身都在对教育事业孜孜不倦地探求，直到今天依然坚持着文学创作，老有所为、所学、所乐，秋光胜芳春使王老师的生活变得更加丰富多彩。毕业之后王老师来到了当时的中央政法干校，正值中央政法干校第 14 期培训，王老师在班里任干事。

王老师先后两次在西藏班工作，先是在西藏负责招生工作，后又回到北京任西藏班副主任，开始从事行政工作。但因为王老师酷爱教学工作，所以主动放弃了行政工作，重新回到教学岗位。1984 年公安大学正式成立，建立了文理部，王老师也参与了筹办工作。文理部成立之后王老师主要教授《大学语文》和《写作》两门课，这在当时引起了不少人的质疑，那就是大学为什么还要学语文这门课？对于这一质疑，王老师有着自己独特的见解，他认为语文课是基础课，想要培养通才，培养学生的文学素养和写作技能，就离不开语文这门学科。

王老师的一辈子都奋斗在教育战线上，不仅是作为一名教育者应有的责任，更是因为对教育事业的无限热爱。王老师不仅在课堂上给学生传授知识，更在课下传播文化，关心学生生活，在三尺讲台默默地奉献着自己的青春，甘为人梯地实现了自己的职业理想。

德才兼备讲操守

德才兼备是王老师培养学生的理想目标。王老师指出要让学生上好人生的第一课，架构好学生的人生观念。

引经据典架构家国情怀。王老师提出，作为公安工作人员要拥有心怀祖国、热爱社稷的爱国主义思想，要牢固树立家国观念，要有“先天下之忧而忧，后天下之乐而乐”的情怀，要有“人生自古谁无死，留取丹心照汗青”的气魄。架构好学生的家国观念，对培养德才兼备的公大人有着至关重要的作用。作为人民警察，不仅要有才，更要有德，要在纷繁复杂的社会环境下坚守住人民警察的职业底线，将党和国家赋予我们的职责牢记心中，不辜负党和国家对我们的信任，任何时候对党和国家人民忠诚都是第一位的。

强调民本思想架构为民观念。王老师指出，人民警察作为国家机关的工作人员，要将全心全意为人民服务的思想记于心、践于行。谈到为民思想时王老师深情讲述了革命战争年代自己家乡的年轻人为了人民能够过上幸福生活而流血牺牲的事迹，用最淳朴的语言讲述了最伟大的故事，同时王老师也谈到了当代许多优秀的人民警察舍己为人的英雄事迹，嘱咐我们任何时候都要爱戴人民，为民服务。

重视五常文化架构传统理念。提及三纲五常，王老师有自己的看法，他认为三纲现在看来是有些过时的，但是五常，即仁义礼智信，却依旧值得我们去守护。仁者爱人、讲义气、讲礼节。他提到在“文化大革命”的时候，最大的错误就是把许多传统文化视为糟粕，不按规章、礼节办事，损坏了许多历史遗产，这是对传统文化的破坏。说到信，现在的社会上坑蒙拐骗，网络诈骗泛滥，给我们的生活带来很多的困扰，王老师认为重拾传统文化教育依旧是时代的课题。

坚守廉洁自律架构修养理念。王老师强调，作为公大人要重气节、讲操守，告诫同学们不要为五斗米而折腰，不能为金钱、名利失掉个人节操。当谈到作为一个共产党员的修养时，王老师对当前年青一代的共产党员给予了厚望，希望年青一代的共产党员从纯洁入党动机做起，真正承担起一个共产党员的责任，严格要求自己，拒绝权力腐败。

志气正气寄厚望

在采访的最后，王老师给我们提出了一个时代的命题，那就是新一代的公大人如何在以后的生活工作中保持定力，做坚定的社会主义建设者。

王老师要求年轻人要树立建功立业的思想。当前中国正走在民族复兴的伟大道路上，正需要我们年青一代的不懈努力来实现伟大的中国梦，作为一名公大人一定要有理想、有目标。这看似很平常的话语却寄托了老一辈公大人对年轻人的殷切希望，铭记历史，奋勇前行，王老师嘱咐我们要做一个忠诚可靠、专业精通、文武兼备、作风顽强的合格的共和国的预备警官。

王老师强调青年人志气、正气不可丢。“三军可夺帅，匹夫不可夺其志也”，在生活工作中我们要坚持原则，保持定力，不能为个人私利而失去节操，做一个“出淤泥而不染，濯清涟而不妖”的人。面对当前社会上各种各样的诱惑，没有节操和气节，在诱惑面前只能是打败仗，王老师如是说。养浩然之正气，这是作为一名人民警察应该具有的职业素养，王老师希望我们在以后的工作中正气不可丢，要成为一把正气锋利的剑，成为打击犯罪的先锋，保卫国家的稳定和人民生活的安康。

（作者系我校退休干部）

坚守理想信念，贡献巾帼力量

胡文英　口述校史工作组

胡文英老师自1984年来我校任教，1994年退休。她兢兢业业，醉心教学与科研，为我校马列主义理论教学、思想政治工作开展做出了重要贡献。

纵横江南塞北　缘定马列课堂

胡老师如今80有余，依旧神采奕奕，与我们畅谈她在公大的那些平淡却不平凡的日子。

1952年，胡老师从上海第一女子中学毕业，参加了我国第一届高考，顺利考入南京大学攻读历史专业，后又被保送到中国人民大学。1957年从人民大学中国革命史专业毕业后，她与50多位同学成立了一个临时党支部，并担任起党支部组织委员，组织学习如何服从国家分配，到祖国最需要的地方去，到祖国最艰苦的地方去。那会儿，胡老师本可以回上海工作，但因为身上肩负着支委的责任和献身祖国边疆建设的使命感，便毅然放弃了回家的机会，只身前往内蒙古。在内蒙古医学院马列教研室工作三年后被调回南京，胡老师才得以与在南京大学留校任教的丈夫相守。

然而，夫妻团聚仅持续了五年，1965年，胡老师的丈夫便被调往北京工作。受"文化大革命"人事封冻的影响，胡老师当时不能随同丈夫前往北京，而是在南京艺术学院马列教研室一干就是十四年。终于，1974年"文革"的紧张氛围渐渐消散，胡老师被调往宣武区委党校，四年后又被调往北京师范大学化学系讲授党课。1984年，中国人民公安大学刚刚成立，胡老师随即成为公安大学马列教研室的"开朝元老"之一。

胡老师50岁加入马列教研室。当时的教研室主任是周赢老师，是胡老师人大校友；还有刘宏老师，1982 年毕业于南京大学，与胡老师亦是校友；加上夏桂荣老师，这四位老师组成了当时马列教研室的师资阵容。胡文英老师入职最晚，但教学经验丰富，加之校友情谊，老师们彼此之间尊重包容，齐心协力，马列教研室呈现出一派欣欣向荣的景象。

任教以来，胡老师始终秉承“闻道有先后，术业有专攻”的教育教学理念。当时的马列教研室在科研方面没有硬性指标，胡老师依旧心无旁骛地潜心钻研政治理论方面的科学研究，并相继攻克了理论和实践方面的种种难题，于 1991 年成为公安大学首位女教授。10 年间，胡老师携马列教研室的老师们联合撰写了《孙中山在海外》《华侨华人百科全书》《龙的子孙》《海外华文报刊的历史与现状》等多部著作，并在期刊上发表多篇文章，取得了丰富的学术成果。岁月无情，将胡老师原本专注而深邃的视线打磨得模糊不清，记忆力也被消磨得大不如前，但她仍然坚持用笔杆记录生活，将思想铭刻于纸卷。

木园润桃李　公大抒情怀

最初与公大结缘的原因很简单，就是离家近。当时的公安大学还处于成长期，学校规模较小，全校一共只有 200 多名学生，以本科生为主，仅有侦查、法律、治安保卫、管理四个系。学校起初面临教育模式由培训性质的干校向本科学历教育的形式转变，学校的各项工作开展均处于探索阶段，同时保留着政法干校时期人才培养模式的特点。

公大校园的建设也尚未有如今的严谨、气派，反倒是由诸多简单、朴实的建筑构成。令胡老师印象最为深刻的是校道两旁的一排排平房以及平房前的核桃树。阳光透过茂密的树叶照耀在红色砖瓦砌成的屋檐上，映衬着公大炽热而又璀璨的生命，这是老一辈公大人心中难忘的公大印记。当时的平房大都是年轻教师和家属的宿舍，每排平房的头一栋还是小两层，学校的进修和培训工作也都在这里开展。当时大礼堂还是有的，后经多次翻修便有了如今的气派模样。而高警楼、慧警楼（研教楼）这样的高层建筑在以前都是难以想象的。

十年桃李，胡老师主要给当时的公安管理专业和法律系学生讲授中国革命史和中国共产党党史。学生们都是高考考上来的，比较听话。但课堂形式并不丰富，可能是受制于当时比较死板的教学模式的缘故，老师怎么讲就怎么听，课后很少自行思考、相互探讨。而胡老师讲的又是公共课，学生们重视程度往往并不高。即便如此，胡老师每次都会在考试前把这学期所学的知识用时间轴的形式串讲一遍，体系化地帮助学生理解、记忆，以便为学生留充足的时间来应对专业课。

（作者系我校退休教授）

深入实际，诠释公安教育精神

孙桃香　口述校史工作组

我是1984年从外校招聘到公安大学的。当时我来到的哲学教研室也就五个人左右，但都非常优秀。

马克思主义哲学教育是公安大学课程设置的重要内容，是培养公大学子世界观、人生观、价值观的重要课程。而当时教学内容不统一，有的按北大的讲，有的按人大的讲，没有明确统一的要求和标准。我积极向部领导、校领导反映了这个情况。时任校长柳晓川同志也非常重视这个问题，他指示应该编写突出公安特色的哲学教材。编写突出公安特色的哲学教材难题就在于，许多老师都是从其他地方调来的，对公安实际情况不甚了解。

要编写有公安特色的教材就必须深入实际、了解公安情况。当时广东的改革走在前列，我和同事们提出到广东去进行社会调查，了解公安工作的新特点、新变化。广东的调查结束之后我和同事们又辗转到了青海，采访了一个支边的老公安厅长，以及一些公安干警，了解他们的一些具体工作情况，不断深入了解不同地区公安基层一线民警的思想状况。青海实地调研结束之后，我和同事们又到了甘肃，在甘肃我们见证了公安工作的不易，那里的工作环境和条件特别差，干警们骑着摩托车在大沙漠、大戈壁追赶违法犯罪嫌疑人，抓到的违法分子都没有地方关押，干脆锁在楼梯栏杆上。民警的医药费、补助措施也得不到保障。通过和基层一线公安民警的接触，我们理解了公安实际工作的难处，增加了我们对公安干警的感情，激发了我们了解一线干警的实际工作状况的热情。同时，我们了解到一线公安干警对理论学习的要求特别强烈，强烈的责任感不断地鞭策着我们。

在给成人教育班的在职干警上课时，我努力接触一些从一线实际工作中来的同志，多了解他们在哲学理论上所希望解决的问题是什么，关注的是什么，难点是什么。经过几年时间的研究和调研，我和同事们夜以继日地进行着哲学教材的编写工作，于1992年才修订完成后出版使用。重视公安特色，在于公安工作的特殊性。写具有公安特色的教材、搞研究，说实在的，这个担子太重。但是把公安特色的东西写入教材太难了，实际上只是把一些理论融进例子中。这本教材的问世，使我国具有公安教育特色的哲学社会科学教材又添了新的版本。公安教育事业的进步离不开公安教育者的辛勤耕耘，正是有着广大教师敢于钻研、敢于突破、敢于创新的不懈努力，一届又一届的公大学子能够不断地汲取新的理论营养。

如何进行公安特色的教学也是我和大家不断探索的课题之一。克服偏重理论化，忽视实际化的教学偏差是我们追求的方向。我刻意把人民大学的实践风气引入公安大学。在学校教务部门的支持配合下，我组织学生去天文馆、自然博物馆参观，感受人与宇宙之间的关系。为了体验社会百态，我组织学生去西城法院观察整个审判过程，去少管所了解情况，去看农村的改革实际情况，去牛场参观。通过实际教学开拓学生视野，激发学生学习热情，看一看广阔天地。相比于在教室里讲的东西，我认为让学生们参加这种实践活动学到得更多。我还积极创新课堂教学方法，开展课堂讨论，激发学生积极学习、努力探索的学习精神。课堂讨论的教学形式给我留下了非常深刻的印象，至今依然记得最成功的一次课堂讨论就是“我与哲学”的那一次讨论，学生们通过积极讨论，各抒己见，收获颇丰。

总的来讲，我在公安大学过得比较充实，做了一点力所能及的事情，不管是成人教育还是本科生教育，学生毕业后的口碑是我引以为骄傲和自豪的事情。

（作者系我校退休副教授）

忆警官大学初创之艰苦卓绝

樊家骏　口述校史工作组

樊家骏老师于1978年由宣武区委宣传部调入刚刚成立的政法专科学校，至2005年正式退休。樊老师亲历了中国人民警官大学的各个历史阶段，与众多老同志们一道，能够成为学校发展建设的开路者，他深感荣幸。老一辈共产党员的信仰与实干，无不令人起敬、令人振奋。樊老师最难忘的，还是学校老一辈领导干部的优良作风，对学校初创阶段的建设影响极为深远。

现今为人所熟知的中国人民公安大学团河校区，曾为中国人民警官大学校址。

警官大学的前身是政法专科学校，因其办学定位的极强保密性，在校址选择上也几经周折，选址期间暂借中央政法干校（现公安大学木樨地校区）的部分校舍——一栋三层教学楼（现木樨地校区教学楼，于2010年改建为6层），以及一栋平房、四栋平房。当时一栋平房主要用来办公，四栋平房为职工及家属的宿舍。

暂借校舍期间，政法专科学校和中央政法干校实行两套班子两种办学。樊老师回忆在1978年10月初来学校时，办学条件十分简陋，全校正式教职工约四五十人，开会就在一个教室里面。学校面临行政部门设置不全、行政干部短缺、办学资金缺乏等种种问题：政治处干部多为部里借调，人事管理职责尚不明确；部门之间分工混乱，就那么几个人啥事都得跑；负责教务的只有一位干部，没有教务处；后勤车队加起来共有两辆苏联的旧车；其中，办学经费严重不足是最大的问题。

1980年，校址选定为原北京市公安局团河劳改农场并开始修建，当时占地四百七十五亩，面积不足现团河校区二分之一。至1984年学校搬迁过去，主楼和教学楼均尚在施工，学校周围都是铁丝网，没有墙，条件依然艰苦。没有教室，学生经常在车库里上课；没有供暖，学校给每人发一个汤婆子（灌进水以后可以取暖）。因交通闭塞，全校只有一辆班车通行，为了解决教职工的后顾之忧，学校在校区内为教职工子女开办小学、幼儿园，教师也都由调进的职工兼任。

在如此艰苦条件下谋求学校的发展建设，老一辈警大人可谓筚路蓝缕、披荆斩棘。回想起学校艰苦创业历程，樊老师不止一次高度赞扬老一辈学校干部吃苦精神极强，时时处处将党的优良作风传承发扬，对他们这批干部以及学校初创阶段的建设影响极为深远。

樊老师回忆与首任校长林丛同志共事的那段岁月，几乎每日加班加点，一直住在团河。当时经常发生一些什么锅炉不行啦，一会儿又哪的水不行了这种问题，林丛同志都是亲力亲为，跟工人一块儿干。林校长自己还从家里拿酒给工人喝，从来不搞特殊化。作为校长，他生活特别简单，从来是跟大伙儿同吃同住，逢年过节想吃点好的，就包个饺子，炖个肉，大伙儿一起吃饭、一起喝酒。在林校长的言传身教之下，樊老师接待来访的客人，就是把客人领到食堂安排妥当，从来不坐下一起吃，该排队还去排队。

林丛同志的记性特别好，全校 200 个学生没有他叫不上名字的，只要见一面，问你叫什么，以后再看一眼就能把你叫出来。他不仅平常在工作上严格要求大家，而且在生活上也特别关心大家。樊老师 1982 年第一次做一个门诊手术，林丛同志就嘱咐通讯员开着轿车去接送。林校长没时间去看樊老师，他不仅让自己的爱人去看樊老师，还让一个副院长去看望。

当时国际政治学院由于保密的需要，建校地点偏远，交通不便，办学经费少，困难多，但大家不计较这些，一心只想把自己的工作做好。樊老师又提及 1982 年在校办任副主任时，由于某些非个人原因，自己的副处级副主任待遇延了 3 年才批下，但他没有丝毫怨言。樊老师当时在校办，一个星期至少要在学校住 3 天，想的就是协助校长做好工作，也没想什么待遇和荣誉。提及当时学校干部的奉献精神，樊老师讲述在图书馆改造时期的亲身经历。当时学校为了方便读者，对图书馆进行了大规模改造，所有的书都要搬入新楼，工程量相当大。即便如此，考虑到不能占用学生学习时间，坚持不让学生来帮忙搬运。面对苦活累活，时任图书馆副馆长的樊老师与图书馆几位干部带头，买来很多纸箱子放书，用绳子报纸打包好后，一箱一箱地搬到新楼。与此相反，每至评选先进却是无一例外让给别人。退休十余年，樊老师笑称自己时至今日也没有拿过哪怕一个个人荣誉，最为自豪的是当年全校评选两个集体先进（先进党支部），樊老师所在的图书馆是其中一个，这是为集体争得的荣誉，比起个人得失重太多。

在老干部的积极影响带动下，学校干部职工的吃苦精神和责任感极强。当时校办的干部一个人承担三四个人的活儿，基本上没什么不干的活儿，更无分内分外之说。樊老师在学校办公室名义上是秘书，后来是技术科科长，但什么都要做，不仅要处理日常工作，还兼着中文系的一个班的辅导员，更要给校长办公室搞卫生、刷痰盂、打开水等，要是通讯员有事不在，樊老师还得到部里去取文件、借教室。

当时学校教职工有很多都是高级干部的子女，有些人就排斥这些高干子弟，但在实际工作中这些高干子弟都相当能干。我所在的图书馆，有几个是局级干部的子女，这些同志让干什么干什么，毫无怨言，加班加点，没有任何补偿。在学校一穷二白的创办发展阶段，办学资金的匮乏成为学校发展建设的一大阻碍，所以当时学校办事准则就是少花钱，多办事，不花钱也得办事。对于学校的急难之处，一些高干子女借用自身资源帮助解决亦不罕见。那一代人的无私奉献和敢于担当着实令人敬佩。

（作者曾任中国人民警官大学办公室主任）

相濡以沫，平凡至伟

陶津梁　郑慕真　口述校史工作组

陶津梁曾任中国人民公安大学原公安部管理干部学院管理系主任。他忠于党、忠于人民，为祖国的边防事业和公安教育事业做出了重要贡献。

郑慕真于1951年被选调到中央公安干部学校学习，是我校学员。

在学校时很自豪

1949年，陶老师从华北人民革命大学毕业，被提前调到了华北公安干部学校，也因此错过了朱德总司令出席的毕业典礼。郑老师曾参加过我国首批女飞行员的选拔，最后阴差阳错被我校的前身中央公安干部学校录取了。

回忆起在校时光，老两口满脸幸福。郑老师当时经过重重选拔，从全国各地抗美援朝军事干部学校中挑选出来，到中央公安干部学校学习。据郑老师回忆：来校前听说是到北京“保卫党中央、保卫毛主席”，心情特别激动，在校期间实行半军事化管理，着军装，吃住和训练都按照军队的要求，比如站岗放哨。虽然在校时间不长，但是这种半军事化的管理，给郑老师后来为党、为人民做贡献打下了坚实的基础。

陶老师和郑老师始终心怀公大，离休后也一直在关注学校的发展。工作岗位上，夫妻二人为党、为人民默默付出，无怨无悔；离休后，当母校需要时，倾尽所有，义无反顾。陶老师夫妇充满了身为公大人的那份自豪感。

她从卡车上跳下的一刹那，我们一见钟情

陶老师是中央公安干部学校第2期学员，郑老师是中央公安干部学校第4期学员，他是师兄，她是师妹，两个人毕业后均被分配到公安部。当郑老师和同期

毕业的学员乘着大卡车来公安部报到时，陶老师正好负责去接人。当谈到两个人的相识过程时，陶老师说："她从卡车上跳下的一刹那，我就相中她了，我们是一见钟情。"讲到这时，郑老师有点害羞，轻推了一下陶老师的胳膊，在场的人都笑了。从老两口幸福的笑靥里，我们仿佛看到了当年这对有着共同信仰的革命青年那纯真美好的爱情。

陶老师夫妇二人，动荡中不离不弃，风雨中起落同随，携手走过了一段艰辛却充实的光辉岁月。夫妻二人育有三个孩子，当郑老师怀第一个孩子两个月时，陶老师因工作需要被派去了云南，等他回来的时候孩子都满月了。1959 年中苏关系紧张，陶老师从公安部调任黑龙江省公安厅人民武装警察总队，去支援边防建设，郑老师毅然追随丈夫来到了黑龙江。陶老师去前线布防，经常是两三个月才回一次家，她同时带三个孩子，还要工作，最艰难的时候，背上背一个，左右各拎一个，有一次在街上走时，一个孩子的鞋陷到了泥泞里，拔不出来了，她猫着腰，生怕背上的孩子掉下来，小心翼翼地把鞋从泥里捞出来，磕掉泥，帮孩子穿上，继续赶路。郑老师说："他有次执行特殊任务，走的时候给我留下了一张字条和一支钢笔，让我好好照顾孩子们，做好了牺牲的准备，当时把我吓坏了。后来的日子他走到哪里我就跟到哪里，这一生我很幸福！"

陶老师眼睛不好，但听力还行；郑老师眼睛好，听力不太好，俩人正好互补。老两口在一起共同语言很多，相互搀扶，被评为"相濡以沫"夫妻，是对老两口精神的一种鼓舞。从老两口身上没看出多少岁月沧桑，更多的是爱情的历久弥新！

无愧于党，无愧于人民

陶老师回校工作之前，在党的领导下，长期从事边防工作，为祖国的边防事业做出了重要贡献，在黑龙江工作期间，因表现突出，被黑龙江省公安厅授予"先进工作者"称号。

谈到回校工作，陶老师感慨道："这里才是我的根啊！"陶老师一直都在基层实践，祖国的一大半都跑遍了，返校后走上讲台，开始讲课。老人家曾为筹建公安大学招募人才，"我组织了一个班子，任人才招募组组长，招募各个专业人才，为建设这个大学打下坚实的基础。"陶老师曾参加组建公安业务基础课教研部，成立了犯罪基础学教研室、犯罪社会学教研室、公安学教研室、计算机教研室、办公室，为公安大学的早期建设做出了重要贡献。1986 年，陶老师调到公安部管理干部学院当系主任，培训了一大批地市级的公安领导干部，一直干到离休，桃李满天下。陶老师长期奋战在公安教育一线，荣获全国公安二级金盾纪念章，为祖国的公安教育事业做出了重要贡献。离休后，陶老师笔耕不辍，被评为《银龄之声》优秀撰稿人。

陶老师说："我还要继续学习，眼睛看不清了，就让她给我念，收音机回家我就打开，我听力还可以。还要按着党的要求，两学一做，不忘初心，继续前进，紧跟党中央，做一个合格的共产党员。"郑老师说："今后还要不忘初心，继续前进。现在我也爱看书看报，努力学习党的方针政策，开展两学一做，努力争做合格的共产党员。"老两口娓娓道来，却掷地有声。

走了以后，继续为人民做贡献

当郑老师缓缓地说出老两口已经签订了遗体捐献志愿书时，在场的人都沉默了。我们静静地注视着两位老人，心情久久不能平复。

"我们征得子女的同意，在八十大寿的时候，在协和医院办了遗体捐献，还有中国红十字会发的证书。他们需要什么，就在我们身体里取什么，我们走了以后也还能继续为党为人民做贡献。他们称我们为'无语体师'，也就是没有语言的老师。""子女本来打算给我们老两口买块墓地，但我们合计，离世以后不占国家的地方，就办理了遗体捐献，支持医学研究。我们走以后，给医院打个电话，就会派车来接我们，谁都不打扰。他们会把我俩的名字刻在一个石碑上。我们一直想云我们的石碑面前看看，想等到明年春天去。"

什么是伟大？无须华丽的语言，像陶老师和郑老师这样，始终在为人民服务，直到现在，乃至将来，这就是伟大。它不是伟人的专利，平凡人一样也可以。

（陶津梁系我校离休干部）

记中央公安干部学校时期校园建设

李国庆　口述校史工作组

1948年7月，为适应革命胜利形势的发展，迎接大、中城市解放后建立公安机构的需要，华北人民政府公安部决定在河北省平山县西柏坡东、西冶村开办华北公安干部训练班，这也是如今中华人民共和国高级警官的摇篮——中国人民公安大学的起源。1949年1月，经中共中央华北局批准，华北公安干部训练班扩建为华北公安干部学校，由华北公安部副部长杨奇清兼任校长。同年2月，华北公安干部学校由河北井陉迁入北平东四北大街汪家胡同和安定门内方家胡同13号。同年7月，学校迁入西便门外的白云观。1950年1月11日，中央人民政府政务院总理周恩来正式批准华北公安干部学校改名为中央公安干部学校，由中央公安部领导，由地区性学校扩大为面向全国，成为专门培训全国公安保卫干部的基地。1952年10月，学校由白云观迁入木樨地校舍。自1952年中央公安干部学校迁入木樨地校舍至今，一代代公大人已经在这片土地上为公安政法教育事业辛勤耕耘了六十余年，学校也从当时的只砖片瓦、一穷二白的地方性保卫干部训练班，发展为拥有木樨地、团河两个校区，校园总面积达到1200余亩，被誉为“公安系统最高学府”的现代化公安高等院校。

暂借校舍　艰苦创业

1949年年初，学校决定跟随党中央迁入北平，没有固定的校舍，只能是先暂借四合院，后迁至白云观。当时，白云观是一座年久失修的道观，到处杂草丛生，瓦砾遍地，残垣断壁，破旧不堪。学校发动干部、学生自己动手，清除杂草和碎砖烂瓦，平整院落，整修庙堂，使校园面貌为之改观。没有课堂，学员露天上课；没有食堂，学员席地就餐；没有宿舍，学员睡大通铺，一二十人挤在一个殿堂里。为了解决寒冬上课和就餐问题，干部和学员积极参加义务劳动，掀起了劳动竞赛热潮，奋战50多天，建起一座简易的礼堂。但是，伴随着学校办学规模的扩大，学校从开始的一期学员80余人，全部师生员工100多人，发展到一期学员500余人，师生员工近千人。学员数量增多，暂借的白云观原有校舍已无法满足学校长期发展的需要，开始筹划扩大校舍面积。首先考虑的是以占用的白云观为建筑原点，向外扩建。白云观有房舍300余间，共占地五万余平方米，如果作为永久性校舍，必须进行改扩建。按照扩大建筑到八万平方米计算，需买老乡住宅房垦等一万五千平方米，菜地一万平方米，这样扩大建筑，最多可以容纳3000至4500人，但活动场所很小。另外，当时白云观西10米有平绥铁路，南100米有平汉铁路，铁路交叉火车往返，不利于新建大型建筑物。综合各种因素，反复考虑认为从学校长远发展来看，将白云观作为永久性校舍并不适宜。

重新选址　购置土地

否决了在白云观扩建校舍的方案，经过反复勘察和集体讨论决定在复兴门外羊坊店村另选校址。当时，该区域属于羊坊店村村民私人所有，土地一片荒凉，多为耕地或坟地。该区域优势在于面积宽广，交通便利，有河流经过，原地建有水塔，并且乡风淳朴，为学校规模的扩大提供了弹性空间和便利的物质条件。

1951年1月，学校致函北京市人民政府，申请购置新校舍用地。北京市人民政府复函学校，同意将复兴门外、复兴路南、京绥路西四十四万平方米土地作为学校建校用地。并按分期建筑计划，先行建筑河北部分（二十万平方米）。并要求，收购农民耕地事宜、解决农民移居困难与合理照顾农民生活等问题，概由学校直接负责。

按照北京市人民政府的复函要求，学校立即开始安排专门人员负责购买新校舍地基的工作。针对可能发生的补偿问题，工作人员将购地工作分为三个步骤来完成：第一步是熟悉情况，领会政策。该片土地权属于100多户农民，有的地块较小仅几分地，有的地块较大有数亩之多。虽然村民对于学校购置土地持理解态度，但也有部分居民为了发泄不满，乘机挑拨关系，四处造谣，煽动群众请愿。学校为了解决这一问题，认真学习《中央关于购买私人土地的决定》，根据实际情况，向群众揭示宣传，揭发孤立坏分子，争取绝大部分群众的支持，并及时进行量地绘图工作。第二步是评地价，召开骨干会议。起初，在有村民骨干代表参加的评地价会议上，大家认可120万元（第一套人民币）每亩的地价，但散会后，又有部分人召集群众开会进行煽动，要求抬高地价到150万元每亩。学校通过收集材料，召开群众大会，使群众对学校的态度有了基本的转变，群众一致表示："地一定给，不能让老百姓吃亏，但也不能让政府吃亏。"最终学校以旱地110万元每亩，水地170万元每亩的价格与群众达成一致，顺利向群众分别购买各自土地。第三步是收尾登记工作。学校认真审核地契，无主土地暂时登记，以备后来购买。同时对地上青苗和迁坟费用进行补偿，做好收尾工作，保证购地工作顺利完成。至1950年年底，顺利完成新校舍土地购置工作，共购置土地448200平方米。

全员参与　艰苦建校

1951年2月，在前期购置土地工作顺利完成后，学校成立校舍修建委员会，教育长张德含任主任，张国安任副主任。4月2日，周仲英副校长主持举行开工仪式，中央公校木樨地校舍工程正式破土动工，学校开始了热火朝天的校舍建筑工作。在房屋质量上，将校舍主要分为三种：第一种基本上完全是钢筋水泥结构，如大礼堂、教学楼、办公楼等；第二种是瓦顶、钢筋水泥砖木混合结构，如学员干部宿舍、自修室、诊疗所等；第三种是平房砖木结构，如伙房、饭厅、大教室、会议室、仓库等。在房屋内部的装饰设备上，根据用途，有所不同。至于房屋价格，依据设计公司的估计和学校新建房屋的预决算，除大礼堂为250万元每平方米外，其余每平方米都不超过200万元。建筑原则为自备材料，委托施工。由设计公司直属工程公司负责工程的设计施工，学校派员购置建筑材料，配备行政保管、会计人员，全体学员参加义务劳动，配合建筑单位进行施工。

学校组织全校干部、学员轮流参加校舍建设义务劳动，大家把劳动的场面用朴实的文字记录下来："警干大队第一队的同志，晨曦未晓，浩浩荡荡的队伍走上了劳动广场，向荒野展开了斗争，挖的挖，铲的铲，长长的道路上来往走着抬着土筐的行列。在这里，看不到男、女、老、少的区别。""年纪较大的，像第一队六组王亚清同志、第四队六组贾生贵同志，他们和青年同志一样地积极，抬起土来跑得更快，三分钟抬两次。女同志如第十四队王颂申、第五队六组李惠英，办公室秘书科郭凤林、丁秀芝等同志，在劳动中始终坚持着和男同志一样抬五筐才休息。第二队二组崔杰，组教处叶云珠等同志年纪最小，但他们抬起土来又稳又快。老同志有的过去在战场上受过重伤，像第一队四组咸同德同志至今身上还有一颗子弹未取出，他不顾同志们的劝阻，也积极地来参加了劳动。”

大家精神饱满，情绪高涨，艰苦创业，团结奋斗，战胜了建校劳动中的种种困难，保证了校舍建筑任务的顺利完成。为了鼓舞全校师生的劳动热情，第十八队的高春生同志还创作歌曲《劳动谣》，其真诚的歌词淋漓尽致地展现了当时的劳动场景和劳动热情，“一片野原宽又广，开荒的人儿汗满襟，不怕日晒不怕风沙，加一把油哎，使一把劲哎。平坦的大路咱们来开，美丽的校舍咱们来盖，劳动创造新世界，加一把油哎，使一把劲哎……”

新校园的建成，凝结着全校干部、学员的共同心血，1951 年至 1952 年两年的时间里，学校在现在木樨地校区的校园内建设了办公楼、东西配楼、平房教室、学员食堂、北大门等各类校舍 274334 平方米，建成了基本满足需要的校园，并于 1952 年 10 月底由白云观正式搬迁到新校园。

木樨地校区这块土地见证了公安大学六十多年的风雨变迁，也见证了一代代公安英才走向五湖四海。如今校园几经整修，有的原有建筑已成为记忆，但是公大人永远不会忘记在新中国刚成立，一穷二白的基础上建立美丽校园的第一代公大人，他们用勤劳的双手，购买土地，铲除野草，填平土坑，搬走碎石瓦砾，修筑道路，修建校舍，为学校的发展奠定坚实的基础，他们艰苦创业的精神也将激励一代代公大学子砥砺前行。

（作者系我校离休干部）

学校周边故事

艾　群

1948年7月6日，中共中央在河北解放区建屏县（今平山县）西冶村、东冶村开办华北保卫干部训练班，是为中国人民公安大学之前身，1949年1月学校入京，7月暂居白云观内，1952年10月迁入木樨地新址，即今中国人民公安大学木樨地校区。这一年我家从南锣鼓巷迁至与公安大学毗邻的羊坊店北京电信局家属宿舍，故而对公安大学周边比较了解，66年亲历沧桑，见证变迁。值此公安大学七十华诞之际，往事如画浮现眼前。

彼时公安大学周边多为旷野，东邻的白云观，是这一带唯一的一处名胜。每逢旧历新年，北平市民来此进香祈福，或步行或乘坐驴车，迤逦蜿蜒，饱尝艰苦。日本侵华北平沦陷，日伪政权成立华北道教总会，成为侵略工具，导致道教人士四分五裂互为仇寇，延至日本投降，国民党染指愈演愈烈。1946年11月11日夜，一帮外来道士将白云观方丈安世霖、监院白全一两个人生缚，浇上煤油，活活烧死。遂引起舆论大哗，市民恐惧，白云观由此香火冷落，车马稀疏。今日白云观香火鼎盛游者如云之景象，于20世纪60年代才逐渐复兴。

由复兴门伸延至玉泉山的是一条皇家运水道，路边两排白杨树。原本沙石铺路，经年雨水冲刷，乱石裸露，只能步行，而骡马大车则沿着白杨树北侧另辟蹊径，硬是碾出一条土路，与运水道并行至公主坟一带，再往西走，断断续续，坑坑洼洼，不能算是正经道路了。1954年开设38路公交汽车，由西单至公主坟，晚9点末班车。我去西单长安大戏院观看魏喜奎主演的北京曲剧《杨乃武与小白菜》，散戏已近10点，只能徒步走回羊坊店。票友北京师范学院向锦江教授，家住西郊八里庄，每逢看戏当晚必住城里亲戚家，次日返校。木樨地至羊坊店没有公交车，每逢雨季会城门一段积水没膝，几个壮汉背行人过渡，背一趟5分钱，来来往往，算是一景。嗣后开设三里河至北蜂窝的 21 路公交车和西单至动物园的 2 路无轨电车则是 1958 年大跃进的产物。

公安大学门前的昆玉河，那时只是一条狭窄的小河汊，我们夏天游泳、冬天滑冰。河上偶尔驶来一只小渔船，渔翁头戴斗笠，把蒿子秆儿往船头一扫，立在船头的鱼鹰扑棱起飞，稍事盘旋，一个猛子扎入水中，不多时便叼着一条大鱼飞回船头，把鱼准确地吐入篓中，于是可以赢得片刻的休息。我们经常追着看热闹。1958 年大跃进，发动千百社员疏浚河道，名曰京密灌渠，红旗招展，干劲冲天，人来车往，颇为壮观。“文革”期间拓宽河道，改称京密运河。改革开放实施浩大工程，扩展为今日石栏勾连、绿树蜿蜒、净水清流的昆玉河。

当年出了复兴门就是郊区，菜田农舍，车马沟渠。木樨地至公主坟统称“新北京”，公安大学门前小河畔有一个背筐拾粪的农民，人称“傻骆驼”。他拿流行歌曲篡改歪词，博取一笑。例如，把《志愿军战歌》唱成“穷舅舅怯娘娘，背着大粪筐”；把《我是一个兵》唱成“我是一块冰，吃了肚子疼，先拉稀来后拉脓得了霍乱病”；把《三大纪律八项注意》唱成“革命军人个个要老婆，要求上级每人发一个，姑娘小妞真不错，寡妇老妈儿咱们也凑合”。还有的歌词不堪入耳。结果被群众反映到羊坊店派出所，管片儿民警把他好一顿撸，罚他扫街三天。

这一带的社会发展分为两个阶段：第一阶段 1958 年大跃进，农村变城市，郊区变城区。第二阶段 1978 年改革开放，平房换楼房，旧貌换新颜。周边的电信局宿舍、铁路局宿舍、建厂公司（铁道部宿舍）等单位已今非昔比。1955 年建校的北京第五十七中学，首任校长李大钊之女李新华，当初只有初中 6 个班，现在是“国家基础教育课程改革实验先进校”“中国可持续发展教育示范校”。军事博物馆、军委大楼所在地原为大田（菜地为水田，旱地为大田），春种小麦、夏播白薯，秋凉了，社员赶着牲口拉犁豁白薯，我们跟在后面，锹挖镐刨遗留在土下的白薯，尽管都是小块或碎块，我们也难抑收获的喜悦。谁家也不缺这个，拿到家里准保挨骂，我们就在玉渊潭畔折来树枝生火烤炙，吃着“吱吱”渗油的烤白薯，比家里的肉包子香十倍。1958 年“大跃进”，建造首都十大建筑为国庆十周年献礼，其中就有军事博物馆和工会大楼。自那时起，刨白薯就只能是美好的记忆了。

第一八九中学西邻的酒店，原为北京铁道医学院，往西300米世纪坛医院原为铁路总医院。1968年5月7日清晨，匆匆上班的人流中有人无意间抬头一瞥，惊呼道：“烟囱上有人!”人们闻声仰望，只见北京铁道医学院20米高的烟囱上站着一个人。于是引来行人围观，时至9时，纪念“五·七指示”的游行队伍堵在这里，数辆21路汽车停驶于此，这里已是人山人海、水泄不通。闻讯赶来的北京医学院造反派指出，烟囱上那个人是北京铁道医学院院长、铁路总医院副院长李奕，造反派定于当日上午召开大会批斗走资派李奕，不料李奕乘看管人员疏忽之机逃出，登上烟囱拒绝批斗，向造反派示威。造反派拉出高音喇叭向其喊话，烧起锅炉用滚滚浓烟向其熏烤，李奕被熏得浑身上下黑炭一般，偶尔张嘴露出一口白牙。闹剧持续到黄昏日落，李奕被登上烟囱的造反派重新抓获，此后遭受怎样的折磨可想而知。那时我停课在家，饱览全过程。“文革”结束后我曾采访健在的李奕，得知他是1931年参加革命的老红军，我把那个桥段写成通讯发表在《中国老年》《北京晚报》等报刊上，引起一时轰动。

1980年2月13日（正月初三），鞭炮声中发生了一起刑事案件。当日下午，21路公交车停驶在羊坊店站，即北京铁路局家属宿舍路边，4名逃票的乘客夺门而出。这段时间公交公司正在开展查禁逃票专项行动，21岁的售票员曹振贤见状唤其查票，逃票者置若罔闻快步逃逸，曹振贤下车追赶，逃票者掏出利刃转身便刺。曹振贤连中数刀血流如注，仍然牢牢揪住歹徒不放。身负重伤的曹振贤终因流血过多而倒下。发生如此壮烈一幕，而此时我和附近居民一样正在家中欢度春节。事后北京市政府追认曹振贤为人民烈士，于1984年在他殉职附近的会城门公园竖立曹振贤烈士塑像。1985年，我家迁居西三环花园桥，每当来公安大学公干，都要绕道会城门公园瞻仰曹振贤烈士塑像，凝视烈士英姿，不禁潸然泪下。我想我肯定搭乘过曹振贤当班的汽车，肯定从曹振贤手中接过带有体温的车票，肯定领略过他的音容笑貌。如果他还活着，本应像我一样含饴弄孙尽享天伦之乐，然而他已长眠地下30余载，惜哉痛哉!

我与公安大学的交集始自1955年“六一”儿童节，附近几所小学借用公安大学礼堂举行文艺会演，我作为羊坊店二小合唱队成员演唱了《让我们荡起双桨》《小白船》，还演出京剧《打城隍》。“文革”之后时兴单位放映内部电影，有幸一睹则为世人羡慕，我在公安大学礼堂看过不少电影，均为日美暴力片。那时常到公安大学游泳，碧波荡漾的泳池如今已变身宿舍楼。

1984 年 6 月，我从基层公安机关奉调公安部参与创办《人民公安报》，领导创办工作的公安部政治部负责人孙仲毅，曾在公安学院任教，他的学识、政策水平、公安工作经验和工作风范，堪称公安干部的楷模；他的言传身教，令我终身受益。那一年我们从国际政治学院（警官大学前身）新闻系中挑选了五名优秀毕业生担任编辑记者，后来他们成为人民公安报社的业务骨干和领导。嗣后我相继在人民公安报社和群众出版社供职，1984 参与谋划创办公安大学出版社，1988 年公安大学出版社出版我的报告文学集《凤凰餐厅的怪客》。我相继邀请公安大学的老师担任特邀撰稿人、特约评论员，其中杜元明教授、曹大良教授以及时任公安大学出版社总编辑的孙刚先生等诸公则是我亦师亦友的挚交。

公安大学周边数 66 年沧桑巨变，反映着伟大祖国的进步发展，同时也提醒我们，怎样履行一名人民警察的社会责任。

（作者曾任群众出版社总编辑）

我们的校园越来越美丽

张根源

我是于1982年2月从部队转业来到公安大学的，那时学校名叫中央政法干校。来校二十多年，我亲身经历了学校从中央政法干校到中央人民公安学院，再到中国人民公安大学的转变过程；亲自参与了学校从单纯的政法干部培训转变为全日制本科教育，进而发展为具有培训、专科、本科和硕士、博士研究生教育等多层次教育结构的跨越；也目睹了校园内发生的翻天覆地的变化。

回想起刚来学校时，校园内没有什么像样的建筑，都是五六十年代的老式红砖房。一进校门，迎面是三层的办公楼，东侧是两层的五部楼（军保），也称东边楼，西侧也是两层楼，一层是门诊部，也称西边楼。连接校门西侧的一排平房是校管部的库房，东侧是放置冬季取暖用煤的煤棚。1983年为解决知青就业和补充教育经费不足，学校组建劳动服务公司时，曾发动学员利用每周半天的公益劳动时间，拆除煤棚，清除杂草，自己动手盖了几百平方米的生产用房，西侧的平房也改建成学校的幼儿园。校园内的主要建筑是西边楼南侧的教学楼（那时还归警官大学的前身国际政治学院使用）、东边楼南侧的图书馆和一、二、三、四部楼，八栋平房，五个食堂，以及四栋教工宿舍。当时最值得自豪的是学校的大礼堂，当七十年代放映内部参考电影时，由于我校的礼堂座位数在北京仅次于展览馆剧场和中山音乐堂，排在第三位，借用我校礼堂放电影的单位特别多，所以，一提政法干校礼堂，北京人没有不知道的。校园西北侧当时还有一片不小的果园，每到收获季节每个教职工都能分到桃、梨、柿子、核桃等。果园北侧靠近河边的位置还有一个露天游泳池，每当夏季来临时，都有不少校内外人员来此畅游，后来建设28号塔楼时，果树被砍伐，游泳池也被填埋了。当时学校的教职工也不多，只有270多人，记得当时党员开会学习都是在下班以后，全校党员听报告利用办公楼的两个会议室就够用了。

虽然那时名为学校，但涉及教学质量的硬件和软件都比较差，图书资料匮乏，师资力量也不足，更别说办公自动化了，就连学生上课的教室都满足不了需求，学生上课基本上都是以上大课为主，教职工住宿条件也不好，没有几栋像样的宿舍楼。

1984 年，学校被批准承办全日制本科大学以后，学校才进入大规模的基本建设和发展时期，盖起了现代化的阶梯教室、实验楼、学生宿舍、教工宿舍、食堂等，后来又扩建了办公楼、东边楼和西边楼，我记得公安大学的第一个高层建筑就是现在的 28 号住宅楼。但由于经费不足，学校的发展不是很快。

九一年代末期，公安部党委决定，中国人民公安大学和中国人民警官大学合并。从那时起，学校的建设才真正进入快速发展时期。在校党委的正确领导下，学校的教学水平和教学质量得到空前提高，教学设施和教学环境得到极大改善，教职工的生活条件也更是芝麻开花节节高。一座座高楼拔地而起，一片片草坪散发着青春的活力，学校的建设更是突飞猛进、日新月异，一天一个新面貌。

（作者系我校退休干部）

三部楼往事

李钟莹

退休后，除了到学校办公楼办事以及到校医院看病和报销医药费外，没有到校园走走看看，生怕我这没正事做的闲散人员给校园添乱。前些日子人大代表换届选举投完票，顺便沿着礼堂东侧的道路向南漫步，围绕木樨地校区东半部校园转了一圈。当走到操场南端路东的小楼时，我一时疑惑，这是我曾经十分熟悉的三部楼吗？经仔细辨认，三部楼西门外操场边那棵树还在，虽然没有过去那样枝繁叶茂略显老态，但当年我在三部楼上班时，业余时间常在大树下聊天，冬天在树下炉灰堆中捡煤核，对这棵树留下了深刻的印象。由此判断最南端的小楼就是三部楼，只是同过去比较里里外外发生了很大变化。

三部楼始建于20世纪50年代，是原始砖瓦结构的两层红色小楼。现在从外观看，除装饰一新外，小楼由两层改造成三层，周围环境也发生了变化。小楼北侧的原第八栋平房也改造成二层小楼，名为警英楼。三部楼楼内设施也大有改观，原来的两层小楼是传统的筒子楼，上下两层东西两端各设有一间公共厕所和一间盥洗室供学员和工作人员使用，早在前些年三部楼作为招待所时就把住房改造成为“标准间”，每间房内都设有卫生间。当时通信不发达，除了办公室有一部电话外，每层楼只装有一部电话供学员用，不过现在每间房都装有电话。原来学员宿舍冬天生煤炉取暖，也早已改为暖气供暖，可以说三部楼与原来相比发生了跨时代的变化。又见校园东部建起了高层研究生部大楼，名为警慧楼，原来的食堂也进行了现代化改造，这些都是学校迅速发展的一个局部缩影，十分欣喜。相信在以习近平同志为核心的党中央领导下，在全国各个领域蓬勃发展的大好形势下，在各级党委的正确领导下，经过全校上下共同努力，不久公安大学一定会早日建成“国内一流，世界前茅”的警察大学。

三部楼是我一生中一个难忘的地方。当我的身份由学生转换为国家工作人员时，在三部楼有了由我使用的第一间办公室。报到后经过一段时间休假，于8月中旬正式上班。我来校上班时正值原公安学院和政法干校合并后复校，普通班第七期学员开学报到，我被人事处分配做教学秘书工作。人事处赵淑琴老师把我送到三部楼见了部主任吴万福和副主任张运吉后立即投入工作。复校后学校培训对象主要是全国县级公、检、法三长。刚参加工作，不管什么工作以及什么工作对象，对我来说都是人生第一次接触。不懂、不会、不知从何下手开展工作，十分着急，只有虚心向老同志请教。部、班主任等老同志都不厌其烦地帮助我，并给予具体指导，使我逐步学会了如何工作。很多事情从不懂到懂，从生涩到熟练，很快适应了工作环境，较好地完成了各项工作任务。在这里一直工作到“文化大革命”开始后学校停办。这里是我人生中的一个新起点，对许多往事都留下了深刻印象，特别是每到冬天烤火季捡煤核的事情，对我影响和教育意义很大。

当时令我不解的是，都到了20世纪60年代了，操场东西两侧的8栋平房和二、三部楼两座小楼，竟还没有安装暖气，每到冬季还要生煤炉取暖。三部楼房间较小，每室住三位学员。取暖炉是二尺多高圆筒状、形似炮弹的铸铁炉子。每年国庆节过后，管理科的杨喜维等同志就要带着工人忙着为各个办公室和学员宿舍安装煤炉、烟筒，分发煤桶、钩、铲、捅条等生火用具，分送煤球、硬煤块和引火木柴。到了开始生火取暖的时候，北方学员宿舍，特别是来自东北和内蒙古等地的学员宿舍，炉火很旺，炉子上的大铁壶咕嘟咕嘟直冒热气，不再去锅炉房打开水喝，有时还会飘出刚浸泡的奶茶香味。对于南方学员来说，生火取暖则遇到了难题，不是生不着火就是经常熄火，煤也烧不透。部、班工作人员除了手把手教南方学员生火、管炉子外，就是利用业余时间特别是午休时，在炉灰堆旁捡煤核。上至部、班主任，下至像我这样刚参加工作的几个年轻人，老中青三代齐上阵，提着铁桶，拿着小铲，敲敲打打从炉灰中捡拾没烧透的煤核，有时很快就能捡一桶废煤，成为一道独特的风景线。所捡的废煤基本上可满足几个办公室的取暖用煤，节约了不少燃料。这事在当时当地使我很受教育，留下了深刻的记忆，在以后几十年中每当想起此事总是记忆犹新。当时的部、班主任等人有的曾经是老八路，有的是新四军，经过了抗日战争和解放战争的洗礼，在枪林弹雨中南征北战的老革命，拿着每月百元以上的“高薪”，他们不忘在艰苦环境中养成艰苦奋斗、勤俭节约的优良传统，并以身作则坚持和发扬，使我等当时的青年人很感动，对这些老同志十分敬佩。这些老同志政治觉悟高，紧跟党走不动摇；在工作上不居功、严于律己、勤勤恳恳、兢兢业业，并勤奋学习更新知识以适应工作的需要；在生活上平易近人、乐于助人、勤俭朴素等优良品德对我影响很大，是我人生的榜样，对我此后几十年的思想、工作、生活各个方面都起到了积极作用。

在三部楼工作的几年，只要学员在校，每天上午、下午、晚上工作三段时间，节假日还要值班，一直忙并快乐着，也向一起工作的老同志学到了不少有价值的东西，他们是我的老师。几十年过去了，我仍十分怀念刚参加工作时的地方——三部楼和曾经给予我无私帮助的老同志，他们大多数人已先后故去，但我永远不会忘记他们对我的帮助，从他们身上学到的优良品德、传统和作风会继续发扬光大。

（作者系我校退休教授）

“公安学”的提出过程回顾

康大民

有的老师问我是怎么投身于“公安学”的研究任务的。回想起来，过程是曲折的，但是在领导高度重视、教学任务的迫切需要的情势下，“公安学”从建立到发展又是比较顺利、比较快的。

一、开始准备“警察学”教学

进入 20 世纪 80 年代，我从校行政岗位转向公安业务教研岗位。为适应公安大学将开始的正规学历教育的需要，校领导嘱咐我准备参加公安专业基础课教学。1981 年开始，我集中精力研读了警察学著作。我首先阅读学校图书馆有关警察学的书。那时负责内部资料工作的马桂荣同志给我方便，允许我在她的办公室阅读。以后，我又先后到北京图书馆内部阅览室和师范大学图书馆等处阅读了有关警察学的著作。翻阅三十余册，有的摘要做了笔记。例如：

（1）《警察宝鉴》，（日）田山宗要编著，光绪三十二年（1906 年）日本印刷株式会社印刷，是北京图书馆藏书中最早的中译本警察学著作。文中有谓：“……爰译是书，以飨警学（按：这是我见到的最早称‘警学’之处）界读者。”

（2）《警察汇编》，全书 25 册，光绪三十三年（1907 年）日本东京浅草的并木活版所印刷。我细读了其第一册《警察学总论》，系东京警视厅官方主事、警视法学士、著名警察学家松井茂的讲授稿。内有警察学简史，有句谓：“警察学未列于独立之学科。”

（3）《警察学纲要》，民国十七年（1928 年）的“考试丛书”之一。

（4）《警察学问答》，民国十九年（1930 年）的“考试必备丛书”之一，上海大东书局出版。

(5)《警察学大纲(目录)》，余秀豪著。1938年5月出版。

(6)《市公安》，市政丛书之一，金国珍著。民国二十年(1931年)商务印书馆发行。

(7)《警察学纲要》，市政丛书之一，(日)松井茂著。民国二十四年(1935年)商务印书馆发行。

(8)《警察法总论》，郑宗楷著。民国三十二年(1943年)出版。

(9)《美国警政》，周林根著。1955年台北出版。

(10)《警察学原理》，梅可望著。1956年台湾"中央警官学校"出版。

(11)《警察学通论》，台湾"部编大学丛书"，邱华君著。1991年出版。

(12)《都市警政学》，酆裕坤编著。1971年台湾正中书局出版。

(13)《警察大辞典》，台湾"中央警官学校"1977年再版。有词条谓："公安，英文为public safety。社会上之公共安宁曰公安。"

这些书的摘要笔记，对我的授课、科研有长久的参考价值。但是我逐渐感到称警察学的局限性，因为我国社会治安工作中许多范畴它们包含不了。

二、阅读有关"公安"的资料

1927年北伐战争后，许多大城市(上海、南京、重庆、广州、汕头等)的警察局改称公安局。1928年10月3日内政部颁布了《各级公安局编制大纲》，规定各省会、特别市警察机关改称公安局。金国珍的《市公安》讲道，随着现代都市生活的发展，出现了卫生、贫民、交通、火灾等一系列"公安问题"，"消防行政占公安之一部"，随着"易警察厅为公安局，耳目一新"。读了这段历史，联想我党根据地——从延安到若干边区主管治安的部门，都称为公安局，更能展现其治安职能公共性、服务性和福利性的特征。

我认识到，确定维护社会治安职能的学问，不仅需要突出体现强制性权力含义的"警察学"，还需要体现公共安全方面的服务性和福利性含义的"公安学"。

三、提出建立《公安学》

我意识到，公安事业突出地体现公益性、服务性的特征，与警察学有所不同，以公安事业为研究对象，其学科的名称应当称为"公安学"。1983年2月，我便写了《应尽快创立公安学》的文章，送至公安部。当时的办公厅主任张正常对此文非常重视，立即在公安部的《内部参阅》第26期上发表。文中提出：我国“应当有一个专门研究保障社会治安的工作规律的科学，这就是公安学”。1983年6月4日的公安部《内部参阅》第41期又刊登了我的《关于创立公安学的补充意见》，补充了有关创立公安学的见解。

当时，有些公安机关人士与法学界人士不同意建立公安学。主张“应当与世界接轨，加强‘警察学’研究，不必设‘公安学’”。我在参加法学基础理论研究组织的研讨会上，有的学者当面与我辩论，有的意见很尖锐。

我原来在校长办公室工作。这时我向当时的校党委书记石磊同志谈了我近来关于“公安学”的思考，并向他提出希望从事理论教研工作，专心搞教学。他表示同意我去搞公安理论研究。

我的意见得到公安部领导的重视和支持。当时的公安部副部长兼公安大学校长王文同说：“连研究‘气味’都有一个‘气味学’，公安工作为什么不能有‘公安学’？”1984年，公安部教材编审委员会决定编写的书目中就有了一项《公安学概论》。这是对建立公安学的意见的肯定与落实。王文同说：“康大民提出了公安学，就叫他参加编写《公安学概论》。”当时的公安部党组成员、公安大学校长蔡诚担任了此书的主编，我担任副主编。初稿送当时的公安部部长刘复之审阅，他基本满意，同时提出要加上：我国公安工作的基本方针是“专门机关与广大人民群众相结合”，并亲笔写出要点。这是刘部长对建立公安学的肯定和实际支持。后来我们的教材中写了关于“基本方针”的内容。《公安学概论》完成后，成为公安大学出版的第一部公安学教材。后来，此书获北京市哲学社会科学二等奖和全国公安系统优秀教材二等奖。

四、公安学基础理论作为公安学的带头学科

公安学是一个分支多、体系庞大的学科群，需要有一个总括性的、带头的基础理论学科。1987年10月在上海召开了公安学研讨会，当时在戴文殿校长和高宪昌副院长主持下探讨了公安学基础理论体系的框架。我作了《关于加强公安学基础理论研究的几个问题》的发言，提出了“公安学基础理论是研究公安工作一般规律和基本对策的理论体系”（见《公安学基础理论探讨》，1988年9月中国人民公安大学出版社出版)。1988年4月组成了公安学基础理论研究课题组。同年8月经中国社会科学院批准"公安学基础理论研究"为国家社会科学基金资助科研项目。同时在公安大学正式开设了公安学基础理论课程。《公安学基础理论教程》被评为第三届全国公安系统优秀教材二等奖。我担任主编的主要参考书《中国特色公安之研究》获第二届金盾文化工程"金盾图书奖"一等奖。

五、提出加强"广义公安"的研究

公安学不能局限于对公安机关的研究。我著的《广义公安论》(2001年群众出版社出版)强调并提出了：内保工作组织、治保会、经济民警、保安公司、义务消防队等是公安机关有力助手，是维护治安的重要方面军，要充分发挥它们的力量。它们最贴近治安问题，它们的工作是人民治安的战略基础。如果在哪里它们得不到充分的发展，哪里的公安的"公"字就打了折扣。

公安学自建立以后，受到公安系统以及社会科学界、教育界的高度重视和支持，有了较快的发展。2011年3月，公安学、公安技术两个学科被国务院学位委员会和教育部批准增列为一级学科。2012年4月，北京市教委批准中国人民公安大学公安学、公安技术学科为北京市重点学科。2012年7月，教育部又批准公安学、公安技术学科为一级学科国家重点学科。喜见公安学的发展已进入佳期，繁荣前景更不可限量!

我已年逾八旬，对于公安学的发展再难有所作为，但是乐于看到其日新月异，成为公安工作越来越有力的思想动力。

(作者系我校退休教授、享受国务院津贴学者)

我的研究生教育情结

梅文权

听说我校研究生部改为研究生院我非常高兴。一是工作关系，在职时参加了一些研究生申报和开办的工作；二是发展太快时时引起关心和瞩目。1992年至1993年，我校发生了在建校史上永远值得浓墨重彩书写的两件大事：一是公大从1984年成立以来所办的公安专业都是试办，1992年正式列入国家专业目录；二是1993年第一个诉讼法学硕士点申报成功，实现了建校以来的梦想。这两件事，当时在全校产生巨大影响，鼓舞斗志，掀起以教学为中心，提高教学质量的热潮，其作用和意义犹如2012年我校成功申报一级学科和一级博士研究生授权点，只是起点和层次不同。

我是1991年到教务处工作的，既要熟悉常规工作程序，又要组织参与这两件大事，编制教学计划（93）和开办研究生教育准备工作，又赶上我校领导班子新老换届，1991年至1993三年换了三个主管教学的副校长，这对我这个新教务处处长来说委实有点要劲。但也正是这种要劲和挑战，激励干劲，使我对研究生教育增添感情，与之结下情结。我想从以下三个方面谈谈研究生教育情结的形成过程。

其一，申报难。研究生教育依托本科教育，审批单位和专家对申报学校的资历、规模、条件都有详细的了解和要求。我校的历史比较长，但本科学历教育时间却不长，软件和硬件都还有一定的不足。我们的学科刚正式列入专业目录，全校只有12名教授，只有5届本科毕业生（要求10届）等，这些都是我们申报的软肋和难点。我们也诚恳地说，我们知道我们的不足，这些不足我们会在开办研究生教育时很快解决。可能是“精诚所至，金石为开”，最后我们终于在1993年被获批硕士学位授予单位，并在诉讼法学专业开始招生。我们这次能够申报成功，我认为：一是全校齐心、共同努力，形成校领导、专职人员、广大教师三结合的申报机制。特别是广大教师的参与给申报带来极大的活力，个别教师对成功申报做出决定性的贡献。二是申报的信心、决心、诚心集中展现，不怕麻烦、不怕刺激、不怕反对，不达目的决不罢休的韧劲和精神贯彻始终。三是认真过细的工作，把我们的愿望变成专家评委的认识、理解，特别是对专家的工作更要做细、做透。

其二，开办难。申报难主要是对外面，开办难主要在内部。研究生教育对于我们是全新而更高的教育层次，如何组织招生、如何实施教学、如何教育管理、建立什么制度、设置怎样的机构等都要从头做起，一边干一边学，关键是要有人去干。申报时，我们提出多用两个人，边申报边熟悉了解开办工作的要求、程序。但有关方面的回答是“编制有限，批下来再说，先由高教室去办”。开始只有一个人，后又增一个人。开办之初，我们根据研究生教育管理分招生、训练、分配三大块的情况，提出单独成立一个科（或室），编制起码三个人，回答是“才招五个学生，要三个人干什么？学生处招那么多学生才几个人”。最后同意成立个“研究生办公室”，但和高教研究室合署办公，一套人马两块牌子。到1996年研究生办公室与高教研究室分开，独立办公才有了三个工作人员。1997年我分管研究生办公室工作，感到“办公室”名字行政味道太浓，也显得小，不如改为“部”好，经校务会同意才改为“研究生部”。还有导师体制问题，如何上课，等等，总之问题不少。万事开头难，在研究生申报到开办的过程中，王新民同志做了大量工作，很辛苦，有贡献。

其三，发展快。后来我退休了，与研究生教育没关系了，按理说该松“结”了吧。但由于研究生教育发展速度太快，招生规模的扩大，硕士授权点的增多，博士教育开办，研究生教育外在的形象变化，大有紧“结”的正能量。2001年学校将28号宿舍楼南原幼儿园二层楼改建为研究生部专用（2005年建新宿舍楼时拆掉），我很振奋，感到10年前无固定居所而10年后独立成院，这是多大的变化。2006年研究生楼的建立更令人无比的喜悦。因此，写了几句记载当时的心情：“研楼高耸迎朝起，高警招手各东西；公安园内两擎柱，金盾炉焰独辟蹊；诉讼登基‘零’突破，刑学紧后十业余；微薄初力后继壮，更盼‘研院’添新喜。”特别是2012年我校成功申报两个一级学科（次年被评为国家重点学科）博士授予权，更为研究生教育发展提供了广阔的空间。纵观这二十来年研究生教育经历了从无到有、从小到大、从弱到强几个阶段。从第一年招 5 人，第二年招 7 人，第三年招 19 人，到现在每年招 450 来人；从只有 1 个硕士点，到现在不仅有多个硕士点，还有博士点；从起初 1~2 个人管理，到现在 20 多个人的管理队伍……这一切的一切，是多大的变化呀！

我回忆“情结”的形成过程，也是进一步“筑结”的过程。我为有这么一个“结”感到高兴、欣慰，甚至骄傲和自豪。我衷心祝愿研究生教育有更大的发展，实现质的飞跃，提升全校教育、教学质量和水平。

（作者曾任我校校长助理）

我的开篇之作

高德原

1984年10月12日，是中国人民公安大学成立暨开学典礼。这年的9月，我作为从警23年的公安部机关干部，跨进公安大学，开始了公安教育生涯。登上这个大讲堂，有几分喜悦，也有几分恐慌。喜悦的是可以自由地为党的公安教育事业尽心做事；恐慌的是年过半百，开创新业，心里焦急，担心误事。比如，如何写好论文，就如同怎样上好课、如何带好学生那样，对我来说，都是考验和挑战。那么，路在何方？只能靠自己，化恐慌为勇气和自信。

学校成立后，我着手准备从教开篇之作。1985年初夏，一本《中国人民公安大学学报》创刊号展现眼前，我的文章《试析公安思想政治工作的作用》赫然在目，令我喜出望外。这篇文章，曾得到校领导、学报编辑的肯定和赞扬，为学生撰写毕业论文所引用，为编写《公安政工学概论》《公安政治工作概要》《公安政治工作学》教材所吸收，入选《中国人民公安大学1988年度论文选》。它成为我申报教师高级职称的重要学术成果，成为日后进行科学研究的出发点和基础。近日，打开这本创刊号，重温它的昔日光彩，发现我的开篇之作竟然与《习仲勋同志在中国人民公安大学、中国人民警官大学开学典礼上的讲话》，以及33位全国公检法部门领导、一些省级公安机关领导和学者们的佳作共集一册。目睹扉页上刊载的12幅彩照，让人回想起当年成立大会的盛事，以及那种开创公安教育从传统职业培训转到正规学历教育，教育要面向现代化、面向世界、面向未来的昂扬气势所给予我们的鼓舞、激励和荣耀。重读33年前所写文章，6000余字，它的立题、谋篇、论说、语言，代表了我那时的认识水平，以及认真待事的作为，自感高兴和欣慰。我很怀念学校百业待举、困难重重之时上下同心、艰苦奋斗的精神所给予我们的巨大力量；我很感谢学报创刊之时那种简朴、庄重、务实，那种讲方向、讲特色、讲质量的办刊风格所带给我们的长远影响。

“文章千古事，得失寸心知。”半年“谋”一篇，也是思忖良久，费心劳神，至今难忘。

请教老师。我在公安部工作期间写过的工作简报、调查报告、发言文稿，称不上有什么学术性、理论性。那么，我今日所作教师论文与它们有何区别？如何才能符合论文的基本要求？记得 1984 年初冬，我跑到北京大学校园书店，找到一本小书，系北京大学出版社于 1981 年 5 月出版的《怎样写学术论文》，总共只有 128 页 8 万余字，12 篇大作，出自当代 12 位著名学者之手。其中，王力、朱光潜、张岱年、周一良几位，是我大学时代就十分崇敬的大家；还有王铁崖、赵理海，是我在北大法学院就读时直接为我们授课、享誉国内外的法学界学术权威。捧读小书，先生文章分外亲切，心生敬畏，如获至宝。重点读了 6 位老师的作品，上面留下有所感悟、用红铅笔画过的 40 余处圈点和横道。他们所述论文的选题、论文的准备、论文的撰写，言简意赅、通俗易懂，为我确定文章选题、谋篇，为我今后指导学生写论文，提供了系统的基本理论、基本知识和基本技能的启示指导，进一步驱散了“恐慌”心理，增强了写好文章的内在动力。

回首反思。我在北京大学法学院学习 5 年，参加政治运动、体力劳动占用时间很多，静心读书、思考问题时间很少。然而，老师指导学生撰写毕业论文却很认真、很负责，让我们得到过从论文选题、准备、撰写到答辩全过程的切实训练。那么，我昔日撰写毕业论文的经历和体验，对我要作之文，以及对我指导学生论文写作，有何可资借鉴？于是，打开那只由湖南乡下随我进京、今尚保存的大木箱，翻出当年毕业论文览读。这篇文章的论题是《军队是国家政权的主要成分》，共计 25 页，每页 400 字，恰好 1 万言整。文末署有我的名字，注明第 4 稿，1961 年 6 月 28 日抄清送交。论文附有 23 条参考过的经典著作书目，全文 13 处注释，均详列著作书名、篇目、页码、版本。文内还有用红铅笔画出、已显模糊的横杠 14 处。目睹旧物，一路陪伴，自装成册，纸张陈旧泛黄，一股深沉之情涌上心头。

掩卷沉思，我的写作态度、写作技巧、文章构思，遵循老师指导行事，无可挑剔。文中论及国家、阶级、政权、政党、暴力诸点，也与马克思主义经典文献观点相一致。当然脱离不了 20 世纪 50 年代末 60 年代初时代背景的局限，缺陷显而易见。就以《军队是国家政权的主要成分》这个论题而言，有违老师教诲，选题宽宏，“大题小作”，力所不及，空乏议论。技巧再好，论题失当，决然出不了好文章。

牢记教训，将它运用于我的开篇之作。选题定为《试析公安思想政工作的作用》，符合老师关于“小题大作”的指教，贴近公安思想政治工作实践，贴近公安政工专业教学实际，贴近个人的思想认识和能力，接地气，系有感而作。

牢记教训，将它运用于我的科研实践。在十多年里，曾写过几十篇文章，诸如《公安政工学的基本问题》《公安政治工作科学的开创、局限与拓展》《公安政治工作理论研究的新成果》《公安政治工作的优良传统》《强化公安院校学生的警察意识教育》《公安职业特征和职业纪律教育》《公安队伍腐败现象的含义、特点及其治理》等，感觉写起来，顺手畅快，心有作文之乐。

牢记教训，将它运用于指导学生撰写毕业论文。要求论题务求新鲜实际，力戒大而不当，用自己的体会和语言阐述事理，生动自然，心有所获。比如，我从新时期公安思想政治工作实践中，看到一些公安基层的股、所、队，成立了类似部队“士兵委委会”的“民警委员会”，借以倡导思想政治工作的民主化、实用化，调动民警的积极性。据此出了一道选题：《试探基层公安民警委员会的诞生及其意义》，很快被学生选中，交上一份学生满意亦有创意的毕业论文。再比如，当我看到公安队伍中有些民警侵占群众利益，对老百姓态度蛮横，作风粗暴；有的在讯问犯罪嫌疑人时打人骂人，搞刑讯逼供，借此开出一道选题：《试论人民警察在维护人权中的地位和作用》，引起一些学生的关注和兴趣。我把当时能够买到的有关人权问题的论著借给他们阅读，同他们一起沟通讨论。有的学生说，这个论题很敏感、很难写。有的学生则认为，公安领导者、公安政治工作部门，有责任教育、引导人民警察，充分认识人民警察在维护人权事业中的特殊地位和作用，切实治理公安队伍中存在的违反人权现象，这应当成为公安思想政治工作不可忽视的重要内容，是公安政治工作的应有之义。有的学生动脑用心写成文章，言之成理，很有现实感、新鲜感和实用价值。这些事深刻在我和相关毕业学生心中，30 多年后，他们还记忆犹新、津津乐道。

值此纪念中国人民公安大学七十华诞之际，重提肇始杏坛开篇之作，倾吐昔日写作心程，只不过表明那一代教师，尤其是那些年过五旬、半路出家跨进校门从教的人们，为开创公大事业所怀初心、所抱志气、所留足迹。老者们虽云桑榆晚，犹存赤子心。衷心祝愿公大在创建“国内一流、世界前茅”警察大学的征程上，不断书写奋斗的新篇章！

（作者系我校退休教师，享受部级津贴学者）

我和毛主席一起游园

陈家骧

1955年7月1日，是中国共产党成立34周年纪念日。6月30日上午，中央政法干校团委书记王三星同志通知我去参加北京市委在中山公园组织的庆祝“七一”游园晚会，任务是既游园又做保卫工作。7月1日下午6时，我们到达指定地点，活动区域在中山公园五色坛西门的中国木偶剧团和中国少年儿童剧团之间。

8时整，扩音器里传出中共中央政治局委员、中共北京市委书记彭真和第二书记刘仁陪同毛主席、越南劳动党中央委员会主席胡志明、越南劳动党总书记长征，以及刘少奇、周恩来、朱德、陈云、董必武、林伯渠、张闻天、彭德怀、邓小平等同志来到中山公园的消息。顿时，激动的人群欢呼跳跃，“毛主席万岁”“胡主席万岁”的欢呼声响彻公园上空。庆祝会开始，少年儿童向毛主席、胡主席献花。奏国际歌后，彭真同志致辞：今天我们在这里举行游园晚会，庆祝我们党成立34周年，欢迎胡主席和越南代表团参加我们的游园晚会。接着胡主席用越语讲话，由于翻译得不顺畅，胡主席干脆讲起了中文。他首先向毛主席和参加游园的同志们、朋友们表示感谢。他说新中国成立前他来过中国，新中国成立后又来到了中国，亲眼看到了中国人民取得的伟大成就，越南人民感到非常鼓舞。这时，会场内和聚集在公园各处的群众发出的欢呼声经久不息，汇成了欢乐的海洋。

中山公园灯火通明，到处是欢快的歌声。毛主席、胡主席在中山堂、五色坛观看表演后来到五色坛的西门，我一眼就看到了高大魁梧的毛主席陪着胡主席向我们这边走来。我们站在小道两侧，夹道欢迎，纵情高呼：“毛主席万岁。”毛主席容光焕发、面带微笑，向我们挥手致意。毛主席和胡主席在中国木偶剧团的长凳上坐下来，观看他们表演的东北秧歌和“猪八戒背媳妇”，之后又到中国少年儿童剧团观看了两个节目，他们的精彩表演让毛主席和胡主席都笑了，我们这些年轻人也都笑了。毛主席近在咫尺，这么真切地看到毛主席，时间又这么长，于我还是第一次，内心感到无比激动和幸福。毛主席、胡主席和其他中央领导于晚上 11 时离开中山公园时，全园又一次响起了鼓掌声和欢呼声。

由于我在中央政法干校工作，有幸 6 次受到毛主席的接见并合影，每次我都激动不已。特别是这次和毛主席一起游园，庆祝党的生日，更是让我铭记在心、终生难忘。这些既使我感到自豪，又成为鼓舞和激励我前进的动力。

（作者系我校离休干部）

我心目中最崇敬的“贵人”

王观德

一个偶然的机遇，改变了我的命运。1985 年 5 月，我从河北调到公安系统最高学府——新成立的中国人民公安大学，从事公安管理学基础理论的教学与研究工作，一直干到 1994 年年初退休。这九年间，我得到了公安部领导和公安大学、公安管理系党政领导以及教研室内外老师们的高度信任和鼎力相助，使我的人生价值得到最充分的体现。“高度信任”，是对我的最大激励，促使我勇敢地拼搏，充分发挥我的智慧和才能，释放最大的能量，正所谓“士为知己者死”；“鼎力相助”就是古人所说的“贵人相助”，这是任何人在事业上有所成就或化险为夷都必不可少的客观因素。如果没有这些领导和同事们的信任、支持和帮助，就不会有我生命后期绽放的鲜艳花朵。

在我所说的众多“贵人”当中，最使我崇敬的要数公安部原副部长俞雷同志。俞雷同志与我非亲非故，素昧平生，我们之间不存在任何权力与利益交换等低俗的世故关系。他成为我最崇敬的人，也是有个确立、强化、巩固与发展过程的。

1985 年 5 月至 1986 年 5 月，是我到公大后接受严峻考验的第一年。我一上班，组织上立马就任命我为公安管理学教研室主任，教研室原主任董剑秋为管理系副主任，杨建和做我的搭档；我同时成为公安管理系党总支委员和学术委员会委员。我是初来乍到的人，公大做出如此人事安排，我强烈地感受到党组织对我的高度信任和殷切期望。我惭愧有加，但又不能不接受这个重任。

当时的头等大事就是编写公安管理学教材。当时，1984 级公安管理专业本科生已入学近两个学期，1985 级公安管理专业本科生及成人教育的大专生即将入校，他们都急需接受公安管理基础理论的教育，因此编写教材成了燃眉之急。

《公安管理学概论》主编是俞雷，副主编是董剑秋，杨建和、我与他们一起编写这本教材。历经一年，提纲虽已确定，但成稿不多。俞雷副部长肩负公安部党组的使命，自然日理万机、压力重大。俞副部长采取了审定一章就交印刷厂印一章、最后排序的灵活做法。董剑秋肩负写稿和一审的双重使命，面对“上催”（公安部和公大领导的催促）“下挤”（学生总问何时开讲专业基础课），精神压力自然特大。杨建和是编写组的元老，又是本专业教研室一号主力，加上承担着繁忙的家务（他妻子早出晚归，孩子还小），也有巨大精神压力。而我呢，坐上教研室主任这把椅子，名不副实，急需学习和“充电”，才有资格编写教材。因此，我像新生儿吮吸母乳般地努力学习有关公安管理的书籍和文章，一边学习、一边消化、一边撰写分配给我的章节。

来校时间不长，突遇老母亲心脏病发作住进复兴医院。我白天给她送饭，晚上需要陪床，有时不得不守着她的病床读书、思考、编写文稿。由于劳累过度，我的脑动脉硬化加重，导致头晕，有一次骑车进校门突然晕倒，幸被路过的保安员抱住，躲过一险。女儿将我送到复兴医院检查，除了脑动脉硬化已达中度外，还有骨质增生（骨刺）。这时候我怎么办？打“退堂鼓”吗？请假养病吗？不，绝对不能！我是一个老共产党员，1953 年在入党志愿书中就向党做出承诺：“在辽阔的海洋里，当暴风雨侵袭我的时候，我要做一名勇敢的渔夫战胜暴风雨”“当我的血和精力淌尽最后一滴时，我也要把自己的笑献给党。”于是，我一边吃药治疗，一边坚持工作，尽管老母亲病故，但丝毫没有影响我编写教材。

当时我思想上还有些顾虑：一怕难过副主编董剑秋的一审关，因他是复旦大学毕业的老知识分子。复旦素有治学严谨的美誉。原编写组几个外请的“笔杆子”所写的文稿都被他“毙”了，由此可见他要求之严。我能否顺利通过他的初审关，没有十分把握。二怕对公大党委指派的“把好教材质量关”的“钦差大臣”、前副校长刘玉琳不了解，担心难过第二关。三怕对主编俞雷不了解，对我的文稿在他终审时能否通过，也有所担心。结果，初审、复审和终审都非常顺利地通过了，我到公大后的第一场“大考”合格了。我意外地分享到《公安管理学概论》获公安部特等优秀教材奖和国家级优秀教材奖的殊荣。我参加工作以来，多次被评为先进、立功受奖，但都不能与此殊荣相比。因为，国家级优秀教材奖是对开拓一门新学科的肯定。它的重大价值不仅是解除了公大教学的“燃眉之急”，其深远意义在于填补了中国几千年警察文化的空白和近百年来中国行政学的空白，更是中国警察文化和中国行政科学领域独树一帜的具有中国公安特色的一朵奇葩。

通过编写这本获得殊荣的教材，使我感到俞雷、董剑秋、杨建和、刘玉琳等众多“贵人”都值得我崇敬，尤其俞雷副部长成为我心目中最崇敬的人。董、杨等人都说过，俞副部长不是挂名主编，他对教材编写工作非常重视，编写大纲和书稿都是由他拍板审定的。他审稿很认真，逐字逐句像老师批改作业那样仔细，写出修改意见。对写得精彩的段落，有时还写下赞语。我不知他对我所写的教材文稿是怎样评价的，但从之后我所写的东西呈送他审阅的反馈来看，证明董、杨所说完全真实可靠。他的确是一位既认真严谨又待人宽容、既有原则而又思想解放的公安系统难能可贵的“学术型”高级领导干部。在他以及众多的贵人相助下，我才坚定不移地走上了开拓公安管理基础理论的道路。

1986 年 5 月，由俞雷主编的《公安管理学概论》问世，公安部党组决定 7 月上旬在大连召开全国第一次公安管理学术讨论会，意在公安系统掀起一个学习与研究公安管理学的热潮。就在距开会只有两天的下午快下班前，系领导王怀珠找到我，说了两件事：一是告诉我去大连的时间是明天晚上，车票已买好，为照顾我休息，特意把原给我买的硬座票换成了硬卧票；二是让我替俞雷副部长写一个在会上代表部党组讲话的发言稿。我感谢校系领导对我乘坐火车的照顾，但对起草讲话稿有点胆怯，觉得时间太紧了，怕写不好。于是我再三推却，王怀珠还是把这任务“硬压”给了我。我亲身参与了公安管理学教材的编写，也深知开这次会是为了动员更多人去学习、去研究、去开拓公安管理学这门新学科，所以当天晚上，我就以《努力探索中国的公安管理学》为题，写出了一份两千余字的讲话稿，反复推敲修改后，深夜定稿誊清。第二天一早，系里即派人将稿子送到俞副部长处。第三天上午在大连会上，我特别注意俞副部长讲话时对原稿作了哪些修改，结果令我高兴的是——照稿宣讲，与会者反应良好。我的第二次“大考”通过了！

大连会议结束后，我把《努力探索中国的公安管理学》一文送到《中国行政管理》杂志。该杂志主编葛孚光要我以“本刊评论员”的名义，写一篇题为《认真学习和研究公安管理学》的评论文章。《中国行政管理》杂志于 1986 年第

9期同时发表了这两篇文章，1986年第11期又发表了《全国第一次公安管理学术讨论会综述》及我的论文《公安管理学的多义性及其特征》。第一次全国公安管理学术讨论会的最大成果是俞雷同志非常明确地提出了“建立具有中国特色社会主义的公安管理学”的口号，旗帜鲜明，方向正确。随着俞雷讲话稿在《中国行政管理》杂志发表，以及后来《中国法制报》相关的公开报道，标志着公安管理已由公安机关内部讨论变为全国以及全球人们关注的一个新学科。值得一提的是，文章发表后，《中国行政管理》杂志给俞雷副部长寄去一笔稿费（数目记不清了），他把稿费邮给了我，我又邮还给他，他又邮给了我。这件事似乎不大，但给我以深刻教育。从俞副部长身上，我感受到他是一个尊重知识创新价值的学术型好领导，是一个不爱财、不图利，一尘不染、高风亮节的共产党的好干部，更增进了我与他的亲近感，“心灵之桥”畅通无阻了。

1987年，中国军地两用人才大学教务长袁玉立来公大洽谈为该校代写公安管理教材一事。那时，董、杨等一批公安管理系主力被调到公安部管理干部学院搞成人大专班教学工作，时任管理系副主任、后升任公大副校长的朱启禄率领我与孙娟、姜淑晨、赵炜等老师另组警察管理学教研室。为了不影响董、杨等人繁重的成人教学工作，我将代军地两用人才大学写教材的任务一个人承担下来。我保留了《公安管理学概论》这个书名，在此基础上对篇章结构作了大胆革新。我的设想事先得到朱启禄、王明新、柴发邦等校内教授、专家的赞同和支持，考虑到这本教材是由俞雷主编的，我又直接上书俞雷征求他的意见，他也表示完全同意。俞雷同志在学术上的与时俱进、敢于创新，心胸宽广、善解人意，令我敬佩有加，感念不已。

由于在我思想上已经牢固地将俞雷奉为最崇敬的“贵人”，1987年以后，在开拓与探索公安管理基础理论的征途上，凡属遇到较为重要的问题或观点，我都会主动征求他的意见，听取他的指点。例如，1987年12月，我带领部分公安管理专业毕业生在张家港市实习，经过调研考察，写成《关于合同制民警问题的若干看法》送他，同时将我在张家港市公安局讲授《公安领导的艺术》提纲呈上。俞副部长用铅笔批阅后退给了我。1995年7月（我已退休一年半之久），我给俞副部长送去《继承和发扬批评与自我批评的优良作风》一文，十天后即得到他的批示：“已拜读。三大作风很需要进一步发扬。此文我认为很好。是否送出去公开发表，请作者及有关刊物编者自定。”这篇文章后被公安大学出版社1996年出版的《跨世纪警察管理科学理论与实践》一书录用。俞雷同志如此热忱地支持和帮助素不相识的我，这样的“贵人”世上少见吧！我由衷地感谢他，敬爱的好领导、好首长！

（作者系我校退休副教授）

1949年，我亲历了开国大典

刘光宝

1949年，中华人民共和国诞生了。我万分荣幸地亲眼见证了开国大典这一伟大的历史时刻，真是刻骨铭心、终生难忘！今天，我已经是耄耋之人，每逢10月1日，举国上下庆祝国庆节的时刻，总是心潮澎湃，追思走过的风风雨雨，感慨万千。

我生于1929年，目睹国民党政府贪污腐化，百姓民不聊生的黑暗现实。我就读于保定女子师范，正当前途未卜，内心充满迷惘之际，家乡保定解放了。我有个同学是北大的中共地下党员，她告诉我"只有参加革命才有前途"。那时，新中国即将成立，百废待兴，急需大量的有生力量加入。在她的影响下，我来到北京报名参加革命大学。

革大毕业后，我和一部分同学被分配到中央公安干部学校继续学习。除了深入学习革命理论外，还比较全面地学习公安业务知识，为我日后一辈子从事公安工作打下了坚实的基础。这两段学习经历，使我政治上、业务上都迅速成熟起来，我的眼前一片光明，心里充满为新中国贡献青春力量的喜悦和豪情。更令我终生难忘的是，1949年我亲身参加共和国的开国大典！虽然时至今日已经过去半个多世纪，但回忆起来，当时的情景仍然历历在目，依然那么鲜活和清晰。

1949年9月，上级领导通知我们全体师生一起参加开国大典，这个消息令我们这些青年学生热血沸腾，大家都为能够亲眼见证新中国的诞生这一世界瞩目的伟大时刻而骄傲。记得10月1日凌晨，同学们耐不住激动，早早起床，精心把自己梳洗、打扮得干干净净，穿上统一发放的新制服——列宁装，匆匆吃过早饭就急切地等候出发的命令。

时间到了，在领导的统一号令下，我们从白云观驻地出发了，经过复兴门、西单，一路步行来到天安门广场，我们被指定排列在天安门城楼前西侧的金水河畔。参加开国大典的工人、农民、干部、军队等约三十万人陆陆续续聚集到广场，人人都衣着整齐，春风满面，很快整个广场就变成一片红旗的海洋、欢乐的海洋，人们都热切地翘首仰望，盼望着、期待着神圣时刻的到来。

下午三时整，毛主席等中央领导人登上天安门城楼，广场顿时欢腾起来："万岁！万岁！"人们欢呼着、雀跃着，我和同学们也都大声喊着、笑着，我们感受着从未感受过的幸福、激动和庄严。

中央人民政府秘书长林伯渠宣布典礼开始，乐队奏起国歌《义勇军进行曲》，随后毛主席用洪亮的湖南口音宣布"中华人民共和国成立了，中央人民政府成立了"，毛主席向全世界宣布中国人民从此站立起来了，中华民族从此立于世界之林，帝国主义列强欺负我们的日子一去不复返了。接着毛主席按动国旗杆的电动按钮，五星红旗冉冉升起，这是新中国第一面五星红旗，同时代表中国当时的 54 个民族的 54 门礼炮轰鸣了 28 响，标志着中国共产党经历了 28 年艰苦历程，每一声礼炮都激起全场发自内心的热烈的欢呼声和掌声。

阅兵开始了，朱德总司令和聂荣臻将军同乘一辆敞篷汽车检阅三军，朱总司令宣读中国人民解放军总部的命令，要求中国人民解放军全体官兵坚决执行中央人民政府和毛主席的一切命令，继续解放尚未解放的国土。

阅兵式上，步兵、骑兵、炮兵、战车一个个方队整齐、缓慢地从主席台通过，接受领袖和人民的检阅。空军驾驶着飞机，排成"人"字形从天安门上空飞过，我和同学们仰望着五星红旗，看着这支从无到有、从小到大、打败了日本侵略者、赶走了蒋介石百万军队的人民武装队伍，感到无比激动和自豪。

开国大典之后，学校领导选派我参加宣传队，走向街头向群众宣传讲解开国大典的伟大意义，鼓励人民群众积极投身于社会主义建设，提高警惕，严防反革命势力的破坏和捣乱……

半个多世纪过去了，在举国上下欢庆国庆节的时刻，追忆往事，我为自己能够成为新中国成立的见证人和社会主义建设的参与者而感到无比幸福和光荣。

时光荏苒，我目睹公安大学的成功发展，它正像我们当年期待的一样，从一所干部培训学校变成一座具有现代化水平的正规大学，为全国培养和输送掌握现代法律和公安业务知识的青年精英。"公大"今天的成绩和辉煌是对我们这些曾经参加建校，并在这块土地上耕耘过的老同志最好的慰藉和最高的奖赏。

我作为党一手培养起来的离休干部，回忆前半生的坎坎坷坷，更知如何珍惜今天的一切，更加坚定对党的信念。我们要发挥余热，为祖国发展做出自己的贡献，在祖国温暖的大家庭幸福地安度晚年。

我发自内心地呼喊："伟大的祖国万岁!"

（作者系我校离休干部）

情系公大

熊则坤

当年，我在我校前身中央公安干部学校学习后留校工作。回首往事，我无不感怀母校对我们进行的一段短暂而难忘的启蒙教育，使我们牢固树立了革命的人生观。有了这一精神支柱，我们无论身处何方，从事什么工作，也无论逆境和顺境，都能坚定信念，为党和人民勤奋工作，自觉奉献。

1953年母校改名为中央人民公安学院，我被调到政治理论教研室工作。在此期间，我有幸聆听了杨献珍、艾思奇讲的辩证唯物主义和历史唯物主义，听了田家英讲的毛泽东思想以及其他革命前辈的讲课。这些学习，使马列主义理论在我头脑中深深地扎了根，坚定了我对社会主义、共产主义的信念。1956年，在祖国向科学进军的号召鼓舞下，我报考了中国人民大学马列主义研究班哲学专业，如饥似渴地学习着。但好景不长，在后来的政治运动中我受到了错误的处理，被迫离开了马列主义理论队伍，回到公安学院等候处理。在我最迷惘困苦之时，是公安学院的领导和那些与我朝夕相处的同志们给了我精神上的安慰和鼓励。

1959年年初，我被调往青海工作，我当时心虽沉重但却依然炽热。我们是唱着歌、坐着敞篷车从西宁向柴达木盆地进发的。我决心把青海当作新的革命基地，做出成绩，再回北京去见公安学院的亲人。我在青海度过了20个春秋，其中大部分时间是在海西州的劳改农场子弟学校教书，与那里的孩子结下了深厚的友谊。

在那些岁月，尽管我精神上承受着巨大压力，但凭着内心的坚定信念，始终直面人生，积极向上，全身心地投入工作和学习中。即使在“文革”中受到冲击，也从来不悲观丧气。因为我认为，“文革”如此地破坏生产，绝不是马克思主义的做法，是不得人心的。记得1976年清明节期间，我们从广播中突然听到天安门发生了所谓“反革命事件”，在震惊之余，我们认为社会主义事业在我国有着深厚的群众基础，绝不会是什么“反革命事件”。而且，我们也坚信党和群众不会忘了我们，总有一天会对我们做出正确的结论。也正是因为这一点，我始终没把自己所受的错误处理告诉家中的父母。

我盼望的这一天终于来到了。党的十一届三中全会重新确立的实事求是的思想路线如阳光雨露使我的问题很快得以平反。我回到了阔别多年的北京，回到了公安学院，并重返哲学课的讲台。20年恍如一场梦，我个人的经历充满了戏剧性的变化，似乎折射出党的事业曲折前进的历程，我感到个人命运和祖国命运是如此息息相关。

为了追回逝去的岁月，我日夜兼程努力工作和学习。我感到自己是公安战线的一名老兵，有责任把作为智慧源泉的马克思主义哲学与公安业务结合起来，用哲学方法指导侦查办案，使广大民警能够比较具体地掌握和运用辩证法，在实践中少走弯路。为此，我申请了学校的科研课题，在学校的多方支持下，经过多年积累，写了《侦查辩证法》一书。对于马克思主义理论的学习，我努力跟上时代的要求，做到真学、真信。在教学中，常常结合自己的经历，讲述人生价值，论述我国社会主义事业有了正确的理论指导，必有更加光辉的前景。

我在公大度过了一生中最美好的两段时光，对公大满怀深情。我为公大取得的每一步发展而感到由衷的欣喜！

（作者系我校退休教授）

关于“锣鼓打在一个点上”的思考

李钟莹

1963 年 8 月，我到当时的中央政法干部学校正式上班时，正值该校普通班（即县级公、检、法三长培训班）第七期学员报到之际，人事部分配我到三部（培训法院系统的学员）做教学秘书工作，到岗后立即投入学员报到接待等工作。当时，从部领导和老同志那里听得最多的一句话就是“锣鼓打在一个点上”，觉得很新鲜，经向老同志请教才知道这句话是时任校长赵国威同志及校党委向全校教职工发出的号召，提出的要求。在以后的工作中逐步体会到“锣鼓打在一个点上”不仅是一句生动形象的口号，而且有着深刻的内涵，并起着积极作用。

首先，“锣鼓打在一个点上”的“点”，就是学校每个时期和阶段工作的重点。“锣鼓打在一个点上”要求全校教职工在各自的工作岗位上，围绕工作重点努力工作，很好地完成工作任务，起着凝聚力的作用。

普通班第七期是原公安学院和中央政法干部学校合并为新中央政法干部学校后开办的第二期培训班。对于原来的老同志来说，工作中会遇到一些新情况、新问题，要有一个适应过程。院党委及时、全面、统一部署学校工作，并提出“锣鼓打在一个点上”的指导思想，要求全校教职工统一认识，尽快适应工作，树立全校一盘棋的思想，克服各种不利因素和困难，劲往一处使，拧成一股绳，各自在工作岗位上尽职尽责有序地开展工作，保证培训工作顺利进行。记得当时校长赵国威、副校长谢飞等校领导，经常到各教学部巡视，发现问题及时解决；各教研室的同志深入学员中开座谈会，了解学员学习中的问题，以进行有针对性的教学；教务部门提前做好教学安排和教材发放等各种准备工作；印刷厂工作人员不多，加班加点保障及时供应各种教学材料；后勤保障部门的同志千方百计搞好伙食、充足供应开水等满足学员需要，司机班，水、电、木工师傅随叫随到，及时解决问题；卫生科医务人员不多，但医术高、责任心强，对保证学员健康，顺利完成学习任务起到了很大的作用。

在部班工作的同志工作时间是“全天候”，只要学员在校一天，部班工作人员从不离开工作岗位，如无特殊情况，基本上周一至周五每天上午、下午、晚间上三段时间的班，晚上 9 点左右回家，有些同志干脆就住在办公室，了解学员学习、生活中存在的问题和要求，并及时解决或向有关部门反映，争取尽快得到解决。其实部班工作没有严格的上下班时间，只要在办公室总有做不完的工作，当时也感到忙和累，但快乐着，生活得很充实。这些充分体现出“锣鼓打在一个点上”对全校教职工的号召力和凝聚力，调动各个方面的积极性形成一股合力，对保证完成当时的培训任务起着积极的作用。

其次，“锣鼓打在一个点上”是一个动态概念，在每期教学的不同阶段体现出不同的内容和要求，“锣鼓点”也相应发生变化。

每期培训工作中不同阶段的工作重点不同，“锣鼓点”也在不断变化，全校“锣鼓打在一个点上”的总要求不变，但各部门要跟上每个阶段“锣鼓点”的变化，才能打在一个点上。记得每学期开学和结业，迎来送往是中心工作，全校总动员迎送学员。院校各部门排班，除了轮流在车站设点接站和在校门口班车停放处迎送外，每趟接送学员的汽车上都有人员跟车往返于学校和车站之间，带去全校同志的问候，使学员第一时间感受到学校的关心和温暖。部班工作人员则负责学员住宿等一切事务。正式开课后，每个教学阶段不同的教研室除了讲好辅导课外，还深入学员小组倾听学员讨论，对学习中的问题及时予以解决。教务部门深入部班了解情况，及时出简报交流情况和指导教学。部班干部除组织教学、管理生活外，也承担一定的教学辅导工作，从各个方面保障教学顺利进行。

正常教学进程中，各部门的工作可按计划有序进行，如遇到特殊情况更体现出全校“锣鼓打在一个点上”的效用。记得一次在东部学员食堂就餐的三、四部的部分学员（法院和检察院系统的学员）出现头晕、呕吐等轻度食物中毒现象，学校党委高度重视，校领导亲临部班了解情况，果断采取措施。对发病学员经卫生科紧急处置及时送往医院医治，车队的同志随时待命、随叫随到，食堂一直准备着可口的食物，病号随时可吃到热汤热饭。在全校各部门共同努力下，使发病的学员以最快的速度送往医院治疗，很快控制了病情，第二天陆续回到学校。在有关部门协助下很快查清了食物中毒的原因，是因为学员所吃的炸油饼用油的装油桶，曾经装过某种油料没有清洗干净而引起的。查清了原因，采取措施杜绝了类似事件再次发生。发病的学员很快痊愈回到学校并恢复了正常学习生活。这些充分体现了在“锣鼓打在一个点上”的精神指导下，全校拧成一股绳，没有克服不了的困难，没有解决不了的问题。

最后，“锣鼓打在一个点上”指导我很快适应了环境，熟悉了工作，成长为一名称职的教学秘书。

“锣鼓打在一个点上”，使我知道了不同的情况下劲儿往何处使。当时我觉得教学部教学秘书工作在整个教学过程中不可或缺，就像京剧舞台上打小旗跑龙套的为主角出场开道。即使是跑龙套也不能乱跑，必须跟着锣鼓点走，否则就破坏了整场戏的完美与和谐。在“锣鼓打在一个点上”的思想指导下，我找准了每个教学阶段的工作重点和切入点，把工作做在前边，总是在每个专题教学开始前，把所需要的教材发到学员手中，按教务科的要求做好听课的组织工作，保证教学有序进行。在教学过程中及时了解学员对教学的反映及存在的问题，反馈给部班领导及有关教研室和单位，起到了上下沟通的桥梁作用。学员结业前及时收回不能带走的教材和资料，从未出现过任何差错。经过几期干训教学的实践，逐步熟悉了工作，掌握了干训教学和教学管理的规律，工作由被动变为主动，很好地完成了工作任务，自己认为还算是一名称职的教学秘书。这一切都受益于“锣鼓打在一个点上”思想的指导。

（作者系我校退休教授）

奋斗人生，践责于行

杜元明

人生犹如长跑。从1981年秋41岁时报到，至1999年年底60岁退休，我的职业征程的后半段有19度春秋寒暑是在公安教育岗位上行进的，而且单位虽一再换牌子改名称，服务地址却始终如一，我在北京大兴团河原地不动地就先后任教、任职于公安部的三所院校：国际政治学院（1981年10月—1984年5月）、中国人民警官大学（1984年5月—1998年2月）和中国人民公安大学（1998年3月以后），可谓“三朝”故人。日月如梭，光阴似箭，弹指间已成为银发一族中人。回眸往昔岁月，尽管三校各有可说之事，现在我也调房从丰台方庄小区的公安部宿舍楼迁入位于西城的公大木樨地校区教工住宅西院的新楼里，但令我魂牵梦萦、刻骨铭心的，还是在团河上班、住宿的那些日日夜夜。

团河的校园，留下过我准点到主楼办公、开会或奔赴教室上课的匆匆身影和急促脚步；团河的土地，有我洒下的汗水和鲜血。在团河，我为备课和搞学术研究，有无数个不眠之夜，留下数百万字的讲稿和论文；在团河，我从讲师先后被评为副教授、教授和专业技术二级警监、国务院特殊津贴享受者；在团河，我担任中文系主任十二年、系主任兼公安文化研究所所长五年，在公安教育岗位上“双肩挑”全身心奉献。也正是在团河，我与学生结下深厚的师生情分，以至于出现如下的意外一幕：2007年9月19日上午在赶赴一次与从全国各地来母校聚会的学生见面之前，我在跨过一条紧邻东边校区的土沟时不慎掉到沟里，摔成重伤（除了有脑部外伤淌血之外，CT照相还显示：颅内大面积出血，另加五根肋骨断裂）差点儿丧命，在沟底不省人事、浑身是血地躺至次日，才被团河金星乡一位早起的农民发现并报警，金星派出所民警们将我从沟底抬上来，急送黄村医院处理，后转积水潭医院住院抢救，又经北京医院治疗一年多才得以逐渐康复。

你说我怎能忘记团河、忘记这个中国公安本科教育的摇篮和发祥地？又怎能忘记筚路蓝缕勇创新路的公安教育前辈和在团河校区与我一起并肩战斗过的同志？

现在，同住一栋楼出出进进不期而遇的，有不少是我熟悉的面孔。他们中既有我以前的学生、同事，也有曾是我上司的老领导，以及曾与我一样在团河供职过的其他相识者。见面自然就要互相打招呼和说话，有时也难免谈及“国政”“警大”的人事。

就在前几天的一个日落时分，我还与一位前“国政”副院长，也是“警大”副校长，现已是八旬老人，一起散步。我们俩走出院子的大门后，就过桥向西漫步于昆玉河畔，一边走一边聊，相谈甚恰。话语就从眼前这条河谈起。“你知道吗？二三十年前，这可不是河，只是一条土沟而已。它就从学校里穿过。沟北边直至现在地铁木樨地站南出口，这一大片全是校区，校门就开在复兴门西大街24号楼前。”“您说的是中央人民公安学院的时候吧？”“是啊，沟南边后来成为中央政法干校所在地，沟北边的一部分先被总参开办军工保密厂占用，其余的被收归北京市。后来国际政治学院办校时想要回来，但北京市不给，‘国政’只能另找地方了。”

以下所记“国政”的相关情况，是我根据与他和其他老同志所谈，加上我自己的见闻感受，综合写出的。岁月悠悠，欲说亦难，所言若有不当之处，恳请知情者读后指正相告，以求忠于史实。

从搭校系班子说起

20世纪70年代末，神州大地荡起了改革开放、振兴中华、科教先行的浩荡春风。公安部党委高瞻远瞩英明决策：抓住难得机遇，创建全日制的公安高等学校。初始筹划建立的是政法专科学校，也于1978年招生，半年后决定升格并建成学制四年的全国第一所公安本科院校——国际政治学院（以下简称“国政”），并于1979年夏秋招本科生，1978年先期入学的专科生强烈要求升本，经批准延长学制，也一并成了本科生。

“政策决定之后，干部就是决定的因素。”遵照革命领袖毛泽东的教导，公安部组成一个强有力的校领导班子：由副部长凌云（新中国成立前中央社会部核心领导成员之一，后升任国家安全部第一任部长）出任“国政”院长兼党委书记，副部长李广祥（新中国成立初曾任广州市公安局局长）也曾短期出任院长参与筹建，部一局（即政治侦察局）林丛任学院办公室主任（1980年后被委任为代院长，以下简称林院长），同时调入公安战线老同志王锐夫（曾任公安部十二局即劳改局副局长）、刘今夫（曾任职于中央政法干校）、金源（曾任沈阳战犯管理所所长，精通日语，调入“国政”后任一系即外语系主任）和有在地方高等学校任职经历或任教经验的陈树林（原中国人民大学、北京石油学院马列理论教师，后任大庆石油学院政治部主任兼马列课教师，调入后先任“国政”三系即科技系主任，后任副院长）、蔡尚昶（原哈尔滨工业大学教师，调入“国政”后先任二系即中文系主任后任副院长，之后又调任公安部教育局局长）等干部到校工作。

鉴于学院以培养公安隐蔽战线的后备人才为主要目标，按照以普通专业的身份做掩护从事未来职业工作的特殊需要为原则，学院设置了外语、中文、科技、新闻四个系及相关专业。鉴于以往的公安教育从新中国成立前夕的华北公安干校到新中国成立初期的中央公安干校、中央人民公安学院和后来的中央政法干校均为在职干警培训性质，创建从全国各地高中毕业生中招生的本科院校对公安部而言，可谓破天荒头一遭。因此，从学院选址、调入教工、建设校舍到添置设备和图书资料等，一切都要从零开始，白手起家，谈何容易！

选址团河的因由

“爸，咱们怎么到了农村啊？”这是1982年春我女儿头一次坐学校班车从中央政法干校到团河“国政”时对我发出的疑问和感叹！在女儿想象中，“国政”在北京，到“国政”就是到北京，而北京是首都、大城市，怎么到“国政”见不到鳞次栉比的高楼大厦、长而宽阔的大街马路和穿梭如鲫的往来车辆，映入眼帘的反而全是树木、作物和耕地，路上行人也稀少，与乡村何异，到的岂不是农村吗？真是童言无忌！

是啊，“国政”的东边和北边是大兴县金星大队种玉米、麦子和其他庄稼的农田，南边是北京市司法局所属只有几座矮楼的劳改干校（后改称北京市第三警察学校）和团河劳改农场的葡萄园，西边除劳改农场的一片地外还有大兴县的一个养鸡场和一座监狱。乍一看，学校几乎被郁郁葱葱的农作物和路边高高耸立的白杨树所包围，放眼望去全是乡景，到“国政”，确实无异于到了农村。

为何校址要选在团河？其实，事有曲折：公安部一开始计划的是在北京市内建校。据说经联系和申请，北京市人民政府批给紫竹院公园附近的一块80亩土地（即现在国家图书馆所在地）做校址。如在市内建校，教职员工的调入及其家属的安置和子女就近上学都比较好办，也不存在交通困难的问题。但学校性质属于保密单位，对外只说单位代码而不说具体名称和地址，各系也以数字排列代称：外语系称一系，中文系称二系，科技系称三系，新闻系称四系。凌云院长考虑到此处距离外国人出入多的北外（即今北京外国语大学）太近，在市内人口稠密区办学难以保密，80亩地也偏小，不利于学院今后的发展，就放弃了这一计划。后经公安部党委再研究决定，校址改为北京南郊大兴县团河，在公安部所属团河农场的500亩土地上建校。开始只是一片荒地，到1981年才陆续盖起主楼、外语系楼、图书馆和三栋三层至五层的教工宿舍楼。在此期间，学校领导和各处、系负责人均挤在木樨地政法干校内2号楼二层的房间甚至过道和走廊里办公。团河那边招进学生之后，办公地点才随之迁走。

团河校区在北京南郊，离大兴县城黄村约六公里，在历史上曾以建有清初垂帘听政、独揽皇权的慈禧太后的团河行宫而出名，而新中国成立后则以团河农场著称，这里除了有各类犯罪分子在服刑期间被监督劳动改造外，还有其他“劳教”人员，如1957年反“右派”斗争后，被错划为“右派”分子的著名作家刘绍棠、从维熙等都曾在此农场被“劳改”过，直到1978年落实政策平反冤假错案被摘掉“右派”帽子之后，他们才离开农场。

应该说选址团河利弊兼有。学院位于郊区，距离城中心有30多公里之遥，周边又无大单位，人烟稀少，进城要走一里地到金星商店门前的公路边上才能坐上往返城区和黄村的360路支线公交车，因为只此一路公交车经过，人多了得排队限量上车，候车时间一长，令人厌烦。“打的”也不容易，因为经过的出租车很少，即便偶尔能坐上进城，回程要坐出租车也难，城里的司机一般不愿意开车到远郊来，怕回程拉不上乘客放空车白费汽油。所以，除非有急事要办迫不得已，校内绝大多数师生员工干脆就不进城，这也有利于教师专心备课教书、学生安静读书和单位对外保密，而且学校面积较大，周边又是农田，未来如需要也有扩展空间。当然，远郊办学的困难除交通不便之外还有很多，而学院正是在攻克一道道难关之后奋力前进的。

择优进人抓机遇

办好学校的关键，除了要组建一个政治与业务干部配置合理、坚强有力和高水平的校领导班子之外，最重要和最紧迫的是建设一支高质量的教师队伍。道理很简单：把学生招进来了，就得马上有老师给学生上课，而老师的专业学识是否丰富深广，表述是否准确、清晰和生动，讲课能否吸引人，教学效果如何，直接关乎教育质量的优劣。正是顾及于此，在公安部的支持指引下，学院领导对教师队伍的建设高度重视。

首先是千方百计调入有名望的学科领头人。例如，新闻系聘请全国著名报告文学家、新闻界名人黄钢当系主任；外文系调入南开大学一位英语一级教授，经李广祥副部长点名推荐，还从广州暨南大学调来一位姓刘的英语副教授，并格外在宾馆为他开房间住宿；中文系则调入人民文学出版社高级编辑、著名古典文学家黄肃秋，等等；其次是努力调入有较高学术水平的各门课程教师。

由于四个系同时上马，教师缺口很大。当时国家实行对外开放的方针政策，急需大批能够从事国际交流职业的人才，因为学院名称带“国际”二字，故像磁铁般吸引了全国各地的许多优秀学子志愿报考，如 1979 年上海高考的文科状元就考取就读于“国政”中文系，其他系的新生也大多是高分录取进来的。由于生源质量高，相应地对师资教学、科研水平的要求也高。而建院之初，因为各个方面条件较差，高水平教师一般不愿意来，调入的教师不仅数量不够多，而且质量和水平都参差不齐。为了应急，学院不得不尽可能从首都多所高校高薪聘请了一批讲课叫座的兼职教师，但仍难以满足教学之需。为此，看准和把握时机下大力气调入更多合适教师，就成了当时全院行政管理工作的重中之重。

1981 年秋，正是“文革”后全国首届研究生毕业等待分配工作的时刻，这批毕业研究生大多数本科毕业后工作多年、已婚且家属在外地，有解决配偶和子女进京的问题。此时，依仗公安机关管理户口的职能优势，“国政”对调入中青年毕业研究生来校任教非常重视，专门在中央政法干校内设立办公室热情接待有求职意向的毕业研究生。当年毕业于中国社会科学院研究生院文学系的我，就是闻讯前去应聘的。本来，已有总政文化部所属的《解放军文艺》杂志社主编韩瑞亭主动到研究生院找过我，希望我能到他们社当编辑。“当解放军光荣”是我自幼就有的观念，加入军籍对我当然是很有吸引力的，不过，一问能否解决家属来京的户口问题，回答虽说是“能”，但有附加条件：“要按照职务和军龄排队等候。”我想：“就算我入伍了，军龄刚开始算起，职务也不会高，不知要等到猴年马月才能解决夫妻两地分居的问题。”我是1964年南开大学中文系文学专业本科毕业，工作14年后已经38岁，恰逢“文革”后国家招收首批研究生，才从河北一所大学的工作岗位上考来北京读研的。读研三年，在中学教书的妻子独自带两个小女孩辛苦了三年不愿再照那样熬下去，因而在我研究生临近毕业时她就发话：“或是把我们娘儿仨一起迁入北京，或是立马回石家庄工作。”根据我的实际情况，想要留京，去军队工作并不合适，而公安机关是管户口的，不如与“国政”人事部门接触一下，看能否尽快解决家属进京落户的问题。抱着这种期望和不妨一试的心态，1981年9月的一天，我来到设在木樨地中央政法干校内一间板房的“国政”人事处。“来了，请坐！”进门后负责人热情地接待了我，针对我提出的要求，他爽快地表态：“只要肯来学院当老师，三个月左右就能将家属调入北京让你们全家团聚。”我一听正中下怀，而且相信公安单位说话是算数的，当即表示同意，并填表履行了人事调入的个人手续。

我是1981年10月初到“国政”报到的，次年2月，妻子和两个女儿就一起来到了我的身边。当时，因为能解决家属进京问题，前来“国政”应聘的毕业研究生相当踊跃，经审查合格调入的，就有包括我在内的从中国社科院研究生院、北大、人大、北师大、中央民族学院等首都高校毕业的文学、历史学、哲学、民族学、宗教学、新闻学、英语、汉语等多学科的硕士研究生共22名，同时进入“国政”任教，而且他们大都成为所在学科的学术骨干。这次成批调入中青年学术才俊，可以说是“国政”建院史上教师队伍建设的一桩盛事。

此外，“国政”还从外地高校积极调入教师。仅举一例：1981年年底，我到“国政”报到不久，因为学校想要调来的河北北京师范学院的一对英语教师夫妇鲁宗达和徐晓英，其所在单位总不肯放人，学院知道我曾在河北省会石家庄工作多年，省教委主任苏沛霖又是我任河北一所学院办公室秘书科长时的院领导，所以，“国政”蔡善昶副院长让我陪同他到河北调人。到省教委后苏主任热情接待并满足了我们的要求，立即让工作人员通知河北北京师院放人。鲁、徐夫妇很快就前来“国政”英语系报到，并一直工作到从警大或公大退休。

“国政”领导对调来的教师是信任的，很注意发挥教师的业务专长。1981 年后，北京学术界有人片面宣扬人性、人道主义，出现一股所谓“资产阶级自由化思潮”。正当党中央在全国发起批判这股思潮之际，林院长特安排我就如何运用马克思主义观点正确看待人性、人道主义问题给校级领导作了一次学术讲座，后来又让我和一位硕士毕业于北大哲学系伦理学专业的老师以广播方式，分别给全校教工再讲一次。1983 年，在中文系开设台港文学课的我，根据海峡两岸对峙的严峻形势，打报告向院领导提出“国政”建立“台港问题研究所”的请求，经研究校党委同意，由一位副院长兼任所长，指定我为该所实际负责人。研究所立即开展研究资料收集工作，并编印简报，上报公安部和学校领导，下发学院各系和党政各部门。

院领导对教师也是关心的，并尽可能满足教师提出的合理要求。记得进院不久，有一次学院批准我坐飞机到广州参加一个学术活动，我找林院长要求回京时学校派车到机场接我。我当时只是一名普通教师，这样的要求显然过分了。但林院长没有点破，又考虑到我出差带着行李，就对我说：“学校车少，这样吧，你坐航空公司的大巴到美术馆终点站，我派车到那儿接你来政法干校，坐学校班车回团河。”他的安排恰如其分、合情合理，当时就让我感到十分满意。

（作者系我校退休教授、享受国务院津贴学者）

心血浇开万顷花

梁保初

寒来暑往，日居月诸。公安大学公安管理系，已经升格为“公安管理学院”了，还有了本专业最高层次的研究生教育。

1984年6月，我由公安部六局调到公安大学公安管理系。6月初，我去系里报到，要我担任系里的主任。方知管理系已招收新生两个班，八十多人。学校还确定公安管理系要设立“公安管理学”“公安信息与决策学”“公安管理心理学”“公安档案学”四个教研室，还要编写《公安管理学》《公安管理决策学》《公安管理信息学》《公安管理心理学》《公安秘书学》《公安档案学》六本专业教材。而老师在哪里呢？当时包括我在内，却只有两个人。怎么办？只好外聘内调，招兵买马。校领导也十分关心，曾亲自出面和一些省市公安厅局联系，想从下边借调一些同志来帮忙。但是，收效不大，仅从广东、安徽公安厅借到两个同志来协助编写《公安管理学》这本教材。不过慢慢地，我们系的教师队伍，还是逐渐由几个人到十几个人，乃至二三十人。

当时，公安大学拟成立六个系，其中包括政工系。我在公安部做了十多年全国公安政治工作，如果让我去政工系，纵然不是驾轻就熟，也可以说是老马识途。不知为什么，却让我到了管理系。这究竟是为了再给我一个考验？还是为了给我一个新的锻炼机会？我至今也搞不清楚。

管理学是刚刚兴起的一门新学科，公安管理更是一个新的概念。我们知之甚少。怎么解决这个问题？只有重新学习。那时，在北京的一些单位，经常举办有关管理科学的讲座。我们只要一听到有办这种讲座的信息，几个同志就立即骑上自行车前去，不管刮风下雨，也不论路途远近。系里经常约有一半的老师，就是这样从头学起的。另外，我们还十分注意从书本上学习。不论谁遇到有关管理科学的出版物，就顺便买回来研读。内地买不到的书，就托人在香港买。目的只有一个，就是千方百计地学习和积累有关管理科学的知识。通过同志们一年左右的艰苦努力，对于管理科学的知识，都有不小的进步。学校确定的公安管理学的六本专业教材，都先后做到了脱稿。这时，我们紧张的心情才得到稍微放松，因为不会由于我们的拖累，影响到专业教学。

我们依据从严治警、从严治校的精神，在教学和管理上，实行高标准、严要求，做到严格教育、严格训练、严格纪律、严格管理。例如，当我们发现有个别学生吸烟、饮酒等不良行为的苗头，就及时予以教育纠正，从而使学生在德、智、体、能各个方面，成为合格的公安管理人员。

公安管理系和其他系一样，对学生实行军事化管理。设有从部队转业来的中队长，专门负责对学生的管理。通过严格的军事化训练和教育管理，使学生增强人民警察意识，树立严明的组织纪律观念，培育勇敢顽强和集体主义精神，养成雷厉风行、令行禁止、遵纪守法、容整内洁的良好作风。

系里的工作人员虽然来自四面八方，但相互关系处得很好，精诚合作，亲密无间，既彼此学习又相互帮助。在编写教材和授课中如此，在日常生活中也是这样。系里开展工作不久，就先后有三位同志因患严重的疾病而住进了医院。家属到系里来找，要求帮助。当时，虽然系里工作异常紧张，我们还是决定每天抽出几个同志，轮流日夜守护。大家纵然很劳累，但自觉自愿，毫无怨言。由于医护人员和同志的共同努力，患者很快转危为安，相继出院。

前些期的学生，已经走出校门很多年了。目前，许多人已成为公安管理干部中的佼佼者。他们中的一些人，已经走上厅局长、处局长的领导岗位，正在为保卫国家安全、人民安宁，创建和谐社会、平安中国，积极做出自己的贡献。

（作者系我校离休干部，曾任公安管理干部学院党委副书记）

校门门卫杂谈

康大民

一所学校的校门虽小，但它体现了学校的风貌。公安大学的校门，应当体现公安单位的门卫精神，反映人民警察的政治严肃性、高度的组织纪律性，应具有一定的警卫职能和安全服务职能，保障教学秩序和校园安全稳定。门卫工作的空间虽然很小，但是它对全校的安定和教学秩序负有一定的职责，它关系校园活动的顺利进行。校门管理的一个疏忽差错，可能影响校园内的正常秩序。

20世纪50年代，我校有鲜明的军事性质。出入校门习惯了正冠肃装。门卫俨然战士举止。校门之严肃性不亚于军营的大门。至今这种门卫形象在公安部、省市公安厅局的门口还看得到。从中央人民公安学院发展到中央政法干校（两校合并）时期，不穿警服了，门卫形式渐呈机关化。进入中国人民公安大学时期，后来时严时松，再无昔日庄重光景了。

我曾在校长办公室工作过，关心过门卫工作。那时的校园是个“大杂院”——有一些部门借房驻此办公，有家属宿舍，有幼儿园，小贩也进校叫卖。出入校门的人很杂，门卫制度如同虚设，出入证如同废纸。校内有多次事件的发生与门卫漏管进人不当有关。校方多少次整顿校园秩序，不过收效甚微。

随着公安大学的正规化建设的发展，过去的乱象逐一克服，校园逐渐净化，才渐备建设正规校园秩序的条件。我已经退休了，仍惦记着这事。有人不下车闯校门，我便追上去把他叫回来交门卫处理。有时门卫不负责任，任由骑车人不下车出入校门，我便向门卫指出这是不对的；个别门卫不理我的意见，闯校门的人得意地回转来向我做鬼脸。有人责我“傻”“多管闲事”“吃饱了撑的”。但是我改不了这“傻劲”。有一个门卫抓得较严，有人闯了校门，我便帮他把闯门人叫回来教育一番。我给了他特别的尊重，他姓“郑”，我俩成了好朋友。每逢校领导严抓门卫工作，秩序见好，我便如释重负。

2012年9月17日，学校发出了《关于加强校园安全管理的通知》（以下简称《通知》），并立即展示于校门。《通知》指出：由于大量校外人员穿行我校，严重干扰了学校秩序，使不法分子有了可乘之机，危及校园安全。确定了上班时间与非上班时间的管理措施。我看了无比高兴，体会到了校领导整治校园环境的决心。

贯彻《通知》精神，不光是门卫管理者的职责问题，更是学校事关全局的基本建设。我们的门卫不仅是普通单位的传达室，更是人民警察教育单位的门面，要通过门卫工作展示人民警察的庄重形象。做到制度严格，形象严肃，处事灵活，待人亲切。

我们的门卫不只是守门员的事，而且是出入校门所有人的事，做好门卫工作人人有责。要遵行门卫制度，共同维护出入秩序。要支持"守门员"的工作。我们的门卫不是抓一阵子的事，而是必须常抓不懈，不断完善，不断发展。要随着我们创造一流的公安大学的过程建设起一流的门卫工作。

我悟到，门卫工作是我们大学全局中不大也不小的任务。

（作者系我校退休教授、享受国务院津贴学者）

难忘汉藏师生情

——为公安大学西藏部50华诞而作

田惠珍

回顾20世纪70年代前后在本部工作六七年的经历，想起与藏族学员朝夕相处的日子，回味那段汉藏师生结下的深厚情谊，令我感到非常高兴、自豪和难忘。

至今，我仍以能在西藏部工作为荣。那时，我知道这个部曾是党中央、毛泽东主席批准成立的，是学校遵照公安部、教育部、西藏自治区政府的指示和要求举办的，意义深远、责任重大。我和我的同志们都抱着很高的政治热情和认真负责的态度，投入教学和管理工作中去，努力为藏族子弟成长成人铺垫人生。当时，我们下工夫狠抓以下三方面工作：

一是教学员学汉语。我班50多名学员，多为农奴子弟和公安干部后代，年龄在20岁左右，最小者十一二岁，初进北京，什么都不大懂，尤其是不会说汉语，不会写汉字，他们讲藏语，我们也不知其所云，学习和生活困难甚大。怎样帮助学员学会说汉话，就成为要攻克的头一关。当时，我们采取了两个办法：上课时，使用双语教学，汉族老师说汉话，藏族老师当翻译；平时，教育并要求学员掌握和运用拼音与汉族老师进行沟通交流。

二是教学员会生活。由于西藏地区解放较晚，卫生条件差，很多人常年不洗澡、不洗衣、不理发，甚至有的学员头发都黏结在一起，长了虱子、虮子。我们不怕脏，不怕累，为学员洗头、理发，帮助和指点他们洗衣、洗澡、消毒，就像对待自己晚辈那样关心、爱护他们。学员们很快渡过了生活关，学会自己管理和安排自己的生活，适应了学校生活环境的要求。

三是教学员守纪律。这些学员来校之初，生活散漫，不守纪律，抽烟、酗酒、打架现象时有发生。每当遇到这种情况，我们都会及时到他们中间，个别地或集体地对他们进行耐心细致的思想政治工作。在老师们春风细雨般地浇灌下，学员们思想认识提高，逐步改掉了不良习性，养成良好的作风和守纪律的好品格。

学员们在学校良好育人环境的熏陶下，在老师们的热诚教育和关心下，进步很快，取得政治思想和学习业务双丰收。不少人入了党，成为光荣的中共党员。他们很快学会用汉语说话，汉字写得大有长进，许多人能用流利的普通话发言、讲演。离校之前，我们按照学校的要求和安排，精心组织他们到全国各地参观学习，饱览祖国大好河山，感受党和政府的关怀。经过几年的培养，他们积极向上，学业有成，满怀希望和激情返回西藏，奔向公安政法工作岗位。我们看到学员们的成长和进步，真是乐在心里，喜上眉梢。

令我感动和难忘的还有学员们至今不忘过去在校凝结的师生深厚情谊。有的来电话表示慰问，有的还寄来西藏的特产。我班有位名叫次仁顿珠的学员，入校时年仅 12 岁，离校时已成为有知识、懂业务、英俊健壮的青年，回西藏后很快就成为了公安工作骨干。前几年，他来京开会，特意抽空登门看望，还请我去西藏游览、观光，留下了地址和电话。师生促膝相叙，倍感欣慰和亲切。他说他们那届学友已成为西藏公安政法战线上的中坚力量，不少人做出了突出贡献，早已成了家，有了下一代，生活美满幸福。大家很想念母校的领导和老师，很感激母校对他们的培养。我为他们取得的成就而高兴，祝福他们不断进步，希望我校西藏部越办越好，为西藏培养更多的高素质的公安人才。

（作者系我校退休教师）

打铁还需自身硬

丛玉春

盛夏的午后，沏上一杯酽茶，燃起一支香烟，在淡淡的茶香和袅袅的烟雾中，时光仿佛倒流到30年前，回到公大校园那难忘的岁月。

1984年6月，我从武警北京总队转业到公安大学管理系当专职学员管理干部。当时，全系乃至全校都在为迎接1984级第一届新生入学而积极准备。从教材的编写审查到人员的调配分工，从制度规章的出台到后勤保障的落实，各项工作千头万绪，纷至沓来。初入公大的我也迅速投入繁杂而忙碌的工作之中，基本上每天都要加班加点，经常开会研究问题直到深夜。

虽然工作辛苦，条件简陋，但刚从部队转业来到地方的我对学校的一切都感到新鲜和好奇，如到食堂打饭，看到校系的领导也和普通教师一样排队，这要是在部队上可都算是军级以上首长，享受吃小灶待遇啊。随着日后接触的增多，我慢慢了解到，他们中的大部分都是新中国成立前很早就参加革命工作的老同志、老领导，也切身感受到，在他们身上没有任何的官气官腔，平易近人。在生活中，他们艰苦朴素，严于律己；在工作上，他们兢兢业业，无私奉献，堪称我们的学习楷模。

刚转业到公大时，由于家属还没有随军来京，我孤身一人吃在食堂和住在办公室，晚上经常会看到校、系领导深入教师和学生中间走访谈心的身影。一次，蔡诚校长夜间查铺到我的办公室，那是我第一次与这么高级别的领导近距离接触，面对面向领导汇报思想。出乎我的意料，蔡校长对我们这批转业到公大的学管干部情况很熟悉，对管理系的概况和教职员工师生的思想也非常清楚和关心，对我们所反映的一些问题高度重视。能够解决的当场就予以答复，对一时难以解决的问题也会给予耐心的说明。让我们既感受到春风化雨般的温暖，又切实感受到老一辈革命者的胸怀气度与人格魅力。直到现在，回想起与这些老领导、老前辈们在工作、生活中接触的点点滴滴，我依然感到获益良多，他们的身体力行对于自己从一名军人向公大教师的顺利转变，起到了巨大的潜移默化的影响作用。

1984 年 10 月 12 日，公安大学第一届学生的开学典礼在学校大礼堂隆重举行，中央领导习仲勋同志在典礼上作了重要讲话。几天后，《参考消息》刊登了外媒对蔡诚校长的专访，蔡校长提到“公安大学是以培养全国县市公安局长以上干部为目标的大学”，这一消息在学校引起了非常大的反响，广大学生也为之兴奋和鼓舞，甚至有的还奔走相告，共同规划和憧憬美好的发展前景。

时光荏苒，现在回想起蔡诚老校长的讲话，再看公安管理系头几届毕业学生的发展情况，百分之九十以上都已成为全国公安政法系统的中坚力量，相当一部分同学达到县局级别以上领导级别，应该说充分验证了蔡诚校长当时论断的正确性。这也从一个侧面反映出公安大学的成功办学与丰硕成果，以及校系领导和广大教职员工为此所付出的极大努力与奉献！

转业到公大之初，我任公安管理系 1984 级学生中队长。当时，我也是公安管理系唯一的专职学生管理干部。按照“从严治警、从严治校”要求及公安大学学生守则相关规定，我们对学生实行军事化管理。因受当时学校管理体制和各方面的限制，对于学校军事化的管理尺度没有经验可以参考，我基本上借鉴了部队的管理与训练模式，也因此遇到不少难题。由于部分学生特别是女同学接受不了高强度的训练和管理压力，对于列队上课、点名批评、单兵训练这些在部队中的基本做法难以理解，而招致了很多的批评指责和冷言冷语，甚至有的领导当着学生的面说“怎么能像管大兵那样去管理大学生呢”“公安大学不像大学，像兵营”。当时，自己和各系部的学生管理干部都感到了压力和委屈。针对这种情况，学校多次召开会议研讨学生管理问题，细致研究军事化管理体制的内容与方法。当时，校内关于公安大学学生先是一名警察后是一名学生，还是先是一名学生后是一名警察的认识问题，分成了两派意见，争论不休。公安管理系领导高度重视，特别是当时主管系学生工作的周松岭主任，对公安管理系的学生管理工作投入了很大的心血与精力，经常吃住在学校，深入学生之中听取意见，做耐心细致的思想工作，并给予我们学管干部以极大的鼓励和支持。周主任多次召开办公室人员会议，针对学生管理工作中遇到的具体问题研讨具体解决办法，发动全系教职员工共同参与学生管理，为学生服好务，提出了“学生管理人人有责，管理就是教育，服务为了教育”的理念。为加强学生管理力量，先后指派郭玲、郑晓峰、马也宽三位老师担任学生中队辅导员，武泽斌同志担任团总支书记，共同做好学生的思想政治教育工作。在领导和学管干部们凝心聚力、不懈努力下，学生们逐渐理解了学管干部付出的心血，适应了学校的军事化管理制度，顺利投入新的公大生活之中，师生关系也非常和谐，结下了深厚的感情。使我记忆犹新的是临近第一学期期末，全系教师与1984级学生共度元旦的情景。老师们从家里拿来面板、菜刀、擀面杖等，师生们一起包饺子、煮饺子、吃饺子，师生同乐，笑语欢歌，其乐融融。1984级这届学生是学校初次招生，校系各部门对这届学生投入的人力、物力、精力是最多的，对他们的关心和呵护也相对较多，师生关系也更为贴近。现在回想起那段经历，正是由于领导的高度重视，一系列措施得力，使系学生管理工作得到了空前加强，风气焕然一新。刻苦学习、严明纪律、团结向上的良好风气在公安管理系逐步形成。实践证明，好的学风、校风是可以通过广大师生的共同努力，在集体正能量的大环境下，潜移默化地达到最佳效果。这些成功的管理模式探索，为日后的教学管理工作提供了宝贵经验，打下了坚实的基础。

1985年，第二届新生入学后，我被调任公安管理系1985级学生中队长，1984级学生由吴晓东同志接任。1985级管理专业编为两个学生区队共74人。1986年，管理系与政工系合并，原政工系的36名学生并入1985级管理区队，共计110人。我全程带1985级学生度过四年大学生活，至今还清楚地记得这110名学生的名字，他们的容貌历历在目。四年里，我与他们朝夕相处，每天列队点名，出操训练，整理内务，到南京毕业实习，外出执行临时任务，等等，共同经历过风风雨雨，建立了深厚的友谊。这届学生整体素质很高，他们学风好，守纪律，能吃苦，明是非，原则性强，在大是大非面前毫不动摇。

送走1985级学生后，我就没有再从事具体的学生管理工作，走上了新的工作岗位。时光匆匆而过，到现在一晃已经退休五年了，但至今仍非常怀念在管理系那几年的工作与生活。我对管理系有一种特殊的情感，因为那是步入地方工作的第一站，是我正式从部队融入地方生活的起点，那里有鼓励我、支持我、关心我的良师益友，有留在我生命中点点滴滴的珍贵回忆。

（作者系我校退休干部）

我与公安管理系 1984 级学生的幸福时光

吴晓东

似水流年，往事历历在目。每当我翻看与公安管理系 1984 级学生的毕业合影时，看着那一张张熟悉的脸庞，同学们的身影就浮现在眼前。

我是 1982 年年底从部队转业来到学校工作的。1984 年的国庆节，全校师生参与了“庆祝中华人民共和国成立三十五周年大会”北京市公安局的安保警卫工作。我当时担任小组长，带领着几名新教师和 6 名公安管理系的新生一起执勤，负责府右街南口西长安街一侧的清场和警戒任务，这是我与管理系 1984 级学生的第一次交集。1985 年 9 月下旬，我由学校职能部门调整到公安管理系 1984 级任中队长，来到了学生管理工作岗位。在此之前，担任 1984 级“大一”中队长的是丛玉春同志，他是武警部队转业来的干部。

一

公安管理系是公安大学建校时设立的三大系之一，当时通称一系。1984 年 8 月底，系里迎来了公安管理专业 1984 级首届本科生，他们有 81 人，其中女生 12 人，来自北京、天津、内蒙古、东北三省、山西、陕西、河南、山东、四川、重庆、福建等省区市。他们是参加高考被学校录取的高中毕业生，当年个个朝气蓬勃，满怀豪情，无比兴奋地迈入了全国公安系统的最高学府。天南地北的陌生人，因为“公安大学”四个字走到了一起，开始了他们新时代警官梦的起航。

20 世纪 80 年代初，公安大学作为普通高校行列中的新兵，在建校初期即表现出与普通高校的不同，更具有鲜明的职业指向性。面对首届学生，如何加强教育管理，使他们能够符合公安管理专业培养目标的要求，理论与实践都需要去摸索。当时，学生的日常管理工作由系里负责，中队长归系里领导。参照部队做法，强调实行军事化管理，把政治思想教育贯穿于学生工作和军事化管理的各个方面，把严格的军训贯穿于整个学期的教学日程中。那时，管理系的学生宿舍安排在旧30号楼一层（新31号楼还在施工中）。每天早上，我都在起床哨吹响前来到学生宿舍楼下，检查集合情况，带领学生跑操。平时，上课列队、点名、集体活动、内务整理、班务会等都作为学生的必修课，纳入考勤记录。课余时间也多用于队列、擒敌拳、体能等训练项目，同学们经常要流几身汗，目的就是要把“服从命令”的警察精神灌输到学生的骨子里，让每个学生懂得规矩和纪律，逐渐实现由一个普通中学生向一名预备警官的转变。

二

1984级学生在校学习期间，正值公安大学初创时期，公安管理专业课程教学也还不成熟。从师资上来说，不少是新招聘进来的地方大学毕业生，他们没有公安工作实践。另有部分老师是从公安部业务局或一线转来当老师的，他们也存在着一些公安业务知识理论相对贫乏的情况。尽管如此，这并没有影响同学们对学习公安专业知识的渴望和热情，他们牢记自己投身公安大学学习的使命，有着新一代年轻警官的向往和激情，不忘自己是公安大学第一期学生，盼望着早日成为一名人民公安战士。特别是进入期末考试阶段，也是同学们最忙碌的时刻。此时的图书馆、教学楼、校园里的每个角落都成了奋斗的战场。图书馆忙碌的身影，自习室充满浓烈的学习气氛，埋头奋笔疾书的学子，随时随地皆可见，校园里处处弥漫着学习气氛。有的同学为了多看几道题、多记几个知识点，不惜抱书边走边看，以至于以身撞物却不觉痛。在期末复习阶段，为了使同学们能够争取有好一点的成绩，我在日常管理上也有所破例，采取了暂停日常军训、熄灯后单设自习室、减少无关活动等措施，达到了较好的效果。

三

1984级学生朴实又活泼，热爱校园生活，第二课堂活动开展得有声有色。当时，武泽斌同志是系里团总支书记，1984级沈伟红同学担任系学生会主席。他们以1984级学生为主，认真组织和积极参与了学校的辩论比赛、演讲比赛、球类比赛、运动会等，成绩名列前茅，为系里赢得了不少荣誉。1984级学生还率先组织了“系学风建设征文评比”“系学生学术论文研讨会”“系文体艺术节”“系散打擂台赛”“内务百日竞赛”等许多在学校都有影响的活动。这其中每一次活动的成功举行，都凝聚了团总支、学生会每一位成员的心血和汗水，尤其是以1984级同学为骨干的积极投入和参与，带动了其他年级校园活动的开展。通过这些活动，增长了学生的见识与才干，陶冶了学生的情操与情趣，培养了同学们的团队精神和良好的合作意识。

四

1987年9月初，由系里朱启禄老师带队，我和王观德老师，还有是兆新、容伟两位年青教师一起，带领首届80多名学生来到江苏省南京市公安局和张家港市公安局进行了为期两个多月的学生毕业实习。因为是公安大学管理系本科生的第一次实习，对我们带队老师来说，无先例、无经验可谈，实习流程和学生实习期间的管理，经费的使用等，都有待摸索总结。

由于南京市公安局地处江南，虽已入秋，天气仍然湿热，加之当地语言较难听懂，给大部分来自北方的同学带来一定的困难。但在整个实习过程中，同学们始终不忘校、系领导的教诲，按照系里实习大纲的要求，认真对待当地公安机关派遣的各项任务，严格要求自己，虚心向民警师傅学习，不怕苦不怕累，把自己当成一名预备警官来看待。在工作中，积极配合分局机关、派出所公安民警办案，协助民警接处警。在骨干民警的指导下，对案件调查走访、摸底排队，办理各种法律手续。

在基层所队实习中，同学们严格遵循《人民警察内务条令》的要求，各小组加强管理，严格执行请销假制度，做到及时请示汇报，带队老师也定期组织交流沟通。实习期间，系里周松岭主任在魏永忠老师的陪同下，专程来南京看望学生，检查实习工作。特别是毕业实习活动，得到了当地公安机关和民警的大力支持。热情周到的接待，悉心的专业指导，使首届学生实习工作圆满完成，也为管理系以后各届的学生毕业实习工作打下了良好的基础。

五

1938年6月，1984级学生面临着毕业分配，当时人人心情都很躁动，对自己的分配去向既茫然又期待。那会儿实行的是计划分配，没有公务员职位考试和双向选择，基本上是哪儿来的回哪儿。首届毕业生除近十人分配在学校和公安部管理干部学院工作（一年后，大部分调入公安部），其余的基本上都回到家乡所在地的基层公安机关工作。

时光飞逝，回顾与管理系1984级学生相处三年的日子，我作为学生管理干部，回头看看曾经承担的那份工作、那份责任、那段经历，酸甜苦辣尽在其中，有遗憾，但更多的是欣慰，我仍然称其为“幸福时光”，因为在学生毕业的时刻，是他们给予了我收获的喜悦。

岁月有痕，让岁月留下我对公安管理系首届毕业生的爱痕，也愿我的每个学生微笑更甜蜜、生活更灿烂。

（作者系我校退休干部）

追梦四十载，无愧慰人生

周永玲

我是公安管理系一名普通的退休教师，公安管理系曾为我搭建了一个人生圆梦的平台，使我终于完成了人生最后的心愿。

我现在已是古稀之年，从小就梦想长大做一名光荣的人民教师，献身祖国的教育事业。小学毕业时，在激烈的竞争中，我有幸考上了初级师范学校，不满15岁的时候，就戴着红领巾走上教师的讲台，学生戏称我为“小细娘（小女孩）”。之后蒙组织的关怀，被保送到中师、高师等学校深造，20岁正式走进高中讲堂。后来又先后任过小学校长、教导主任。“文化大革命”期间，从人间天堂之乡苏州转战黑龙江北大荒之角笔架山公安部“五七干校”，继续从事教师工作，在极端艰苦的条件下，经受了难以想象的风雪交加的洗礼和各种困难的磨炼，交出了一份忠诚于教师职业的答卷。20世纪70年代初，随公安部下放干部队伍回到首都北京，落足公安部，仍从事教育工作，历经公安部幼儿园、公安部机关文化学校、中央电视大学公安部工作站、公安部教育局。1986年，自愿申请，经公安部政治部批准来到公安大学公安管理系（前政工专业）担任警察伦理学教师，从此步入高等教育生涯。

在人生的历程中，我一路闯关过险。可是到了这里却被艰难、崎岖挡住了去路——公安工作我一天未干过，伦理学这门课，更是地道的门外汉。面对眼前严峻的任务，实在是举步维艰，困难重重。但在系领导的亲切关怀和信任下，我没有在难关面前低头、退缩，毅然决然地承接了组织交给我的这项艰巨任务。为此，我抛弃了所有的家事，迈开双腿，跑遍了京城大小书店，走进文海书山的图书馆，如饥似渴、焚膏继晷攻读有关专业著作，学习同行的教学方法和教学经验。在年近半百的时候，又只身离开北京，告别尚须管理教育的子女，远赴上海师范大学研究生班进修学习。我在那里一面当学生，一面参加编写有关专业书籍。总算功夫不负有心人，我终于攻破了一道道难关，取得了良好的成绩。回校后，健步登上了警察伦理学这门课程的讲台，并在公安部统一组织和领导下，参与了公安高等院校第一本《警察伦理学》教科书（曾获公安系统图书二等奖）的编写工作。从此以后，我不仅圆满完成了校内的教学任务，还先后应邀到安徽、广西、四川、湖北、福建、广东、山东、河北等省区公安机关及有关院校授课，还受到了好评，最后以警衔三级警监及警察伦理学副教授职称，于2009年光荣退休，从事教育工作四十年。如今喜闻天下桃李纷纷展容报春，结出累累硕果，我从心里感到开心、满足、幸福。

衷心感谢公安管理系历届领导和同志们对我的关怀、教育和帮助，使我最终圆了自己锲而不舍、追逐四十载的梦想，让我得以告慰自己的人生：无悔、无怨、无愧！

（作者系我校退休副教授）

从军官到警官的蜕变

梅文权

1986 年，我从部队来到公安大学，文理科基础部是我在公大的第一个工作部门，在这里一干就是五年。这五年既是我向基础部领导、老师及各位同志学习工作的五年，也是对公大整体的概况了解熟悉的五年。因此，这段日子是我在公大的启蒙阶段，为以后工作乃至能干到退休都起到了重要的基础作用。

我的人生履历很简单，1986 年以前可以说是从校门到军营。即高中毕业被保送到军事学院，学习计算机专业。毕业后在总参谋部工作，没动窝干了 22 年，熬到正团职工程师，也可谓事业有成了。这次来到公安大学对我来说是一次巨大的变化，不敢说是绝后的，但敢说是空前的。从军队来到公安，从搞科技到搞教育，从从事技术工作到教学管理。一句话，从大环境到具体工作岗位，从接触的物到接触的人，从说的话到做的事都变了，真可谓换了人间。这样的变化对于我这个年近五十，本来冲劲、干劲就已经开始弱化的中年后期的人来说，重新创业，压力太大，困难不小，变化幅度似乎大了点。能不能适应这个环境，怎样适应这个环境，能不能做好这项工作，怎样做好这项工作，是我头脑中反复思考的问题，相当一段时间没有解决，找不准答案；也是我相当迷惘、困惑，摸不清该怎么做的一段时间。这期间的思想活动高度紧张，激烈程度也是工作 20 多年来从未有过的。终于，随着时间的推移，脉络逐渐清晰，得出两条经验：一是服从命令，这是军人的天职，虽然不是军人了，但传统不能丢，要努力克服困难做好工作。二是发挥部队传统优势，从思想政治工作入手，深入实际，调查研究，接近同志，了解情况，广泛开展谈心活动。开始我主动找骨干、老同志谈心，后来人家主动找我谈心，有老同志，也有年轻的。谈心内容逐渐宽泛了，不光谈自己情况，也谈教研室情况；不光是教学方面，也谈一些思想。更多的是如何搞好教研室、基础部乃至学校的建设。还别说，谈心真是个好办法。通过谈心，不仅使我了解了很多情况，而且拉近了我和大家的距离。他们讲的什么，对我都是新鲜、有用、想知道的，愿意听。我的真诚可能也创造了谈心的气氛，我不仅注意听，有时还记上几笔，甚至插话互动，活跃气氛，并且对一些大的、政策性、明显是非问题明确表态。实事求是，心声相碰反倒促进了大家相互信任。我感到大家越来越愿意接触我了，有话愿意和我说了，接触、说话自然融洽了；我也越来越感到我说的话人家也能理解，愿意听了。总之，现实让我感到我这个“外星人”回到地球上了。信任和支持是工作的开始和基础。当时，文理部的主要问题是比较散，其原因一是新建单位，互相不了解；二是任务比较重，各忙各的，缺乏交流，因此还产生一些误会、矛盾。对此，我一方面采取公平公正的态度做些疏解；另一方面通过集体活动增加相互了解和凝聚力。通过这些活动，增加集体荣誉感，以后组织活动大家更爱参加了。工作逐步展开了，我这时心情也开始放松，并有些兴奋、愉悦之感。虽然没有老的领导做的那么多，但我入门、上道了。

文理科基础部是新成立的单位，担负本科英语、大学语文、数学、物理、化学等教学任务。这些课程都是大学本科的基础课，本科教育一年级、二年级的主要课程。而我们过去以培训为主的公安教育缺乏这样的教师。1984 年，教委批准公大本科学历教育，当年就成立文科基础部，立即招聘英语、语文老师准备上课；1985 年又招聘数、理、化老师，和文科基础部合并，统称文理科基础部。这些老师都是从各大学招聘来的，也都是搞基础教学的，教材多使用通用教材。上课是没问题的，但上课讲什么、怎么讲、讲多少，整个教研室都要统一到教学计划、培养目标的要求上来。这就需要教研室制订出教学大纲。每个人准备好教案，时间那么紧，这对教研室和个人都是个考验，而老师都能按时、很好地完成任务。这本身就潜含着老师们的艰辛和汗水。理科除了理论教学还有个实验教学的问题，而实验室是个空白，需要新建。新建有两个困难，一是没地方，二是没经费。上课不等人，怎么也得找个地方，就选定现青年公寓 6 号楼一层，门北给化学，门南给物理当作实验室。这房子是 20 世纪 50 年代建的，是学校最老最旧的，但总是有了。每个实验室 10 万元开办费。当时钱虽值钱，但要建一个基础实验室，既是设备，又是消耗品，也真是够难为人的。就这些钱，必须按时开课。采购、安装、调试、准备实验，老师、实验员一齐上，不分早晚、节假日；团结协作，互相配合，还要走出去，请进来，学习经验，尽量少花钱，质量相对好些。理化老师忙得昏天黑地、不亦乐乎。文科老师也不轻松，怎样结合公安实际，对他们来说也是很大一个难题。八仙过海，各教研室每位老师各显其能。教研室召开座谈会，请从事公安工作的领导、教师介绍情况，征求意见、提出要求；有的老师主动找上门，向专业老师学习交流。还有更多老师到图书馆，甚至公安部业务局借阅、查找资料。外语教研室请公安部、清华大学专家教授一起研究编写英语教学参考资料。语文教研室与原警官大学中文系一起连续两年召开全国公安武警语文研讨会，每年一次。这是一次双赢的活动，各警校提交论文获奖盖上公安大学的印章荣光不小，对于我们学校交流、学习收获也很大。各教研室和各位老师的行动和努力，我看在眼里，记在心里，我身感他们的困难比我的多，比我的大。应该向老师们学习，为他们服务，尽量减轻他们的负担，创造良好的工作条件环境。

认真履行教书育人职责，一心扑在课堂教学上，是我对文理部老师印象最深、最难忘的根本原因。教书育人是学校的宗旨，各部门的中心和永恒的工作。对于老师更是责无旁贷，应体现在方方面面，但最根本、最重要的途径还是在课堂上。我认为文理部老师对课堂教学是非常重视的，对每堂课都是认真准备，精心设计的。不仅让学生学到新的知识，还让学生自己学到怎样处世做人，对待工作。对于上课，可以说是不可触碰的红线，不受任何外界影响，不受任何情绪干扰。比如，1989 年年末至 1990 年年初，学校相继进行分房、评职称，这对每个老师来说都是大事。文理部老师都是新调来的，原住处都比较远，来回不方便，调来就想在新单位解决一下房子问题，职称更是如此，这是老师的水平和脸面。但这不是需要就给，够条件就能评上。因为有条件、有指标的限制。这就带来了矛盾，对于新来的老师不见得有利，所以就产生了一些意见，甚至埋怨、不满、牢骚，有时讲起来慷慨激昂、激动异常。但是他们照样上课，到了课堂上好像没有发生任何事情一样。过后我们谈心说，“我们当时真担心影响上课”。他们笑了笑说，“那怎么可能呢？我们自己的事再大，和给学生上课比也是小事”“我们也不能对不起学生和家长”。特别是 1989 年那段特殊的时期，社会比较“混乱”，交通时有中断，路上不够安全。有时老师不得不早早出发，步行两个多小时的路程来给学生上课。当老师走进教室时，学生热烈鼓掌。这几件事使我对文理部老师有了全新的认识，真是一心扑在教学上，这就是我们的老师长期养成的职业道德，这是一种美德。后来我到教务处工作，主抓全校教学工作，和老师接触得比较多，在脑海里进一步加深对老师的美好印象，一直保留至现在。我真切体会到教育学理论中的一句话，“民族的希望在教育，教育的希望在教师”。

（作者曾任我校校长助理）

国际政治学院1978级俄语专业学生在中苏边境实习

牛 劳

学外语重要的是听说写读。写与读对我们中国人来说不是很难，而听说就难多了。写与读主要靠课堂和老师，而听说要实践，如果有语言环境那就太理想了。

1980年夏天，1978级学生已读完二年级，校领导通知一系（外语系）英俄法日德教研室，利用暑假实习，我们俄语班到中苏边境城市绥芬河实习，这可是俄语学界从未有过的大事。我个人从1949年开始学俄语，1952年开始给苏联专家当助教起一直在北外任教，从未有过实习，全国高校俄语系科也无实习一说，当然师范院校的外语专业有教学实习，我们公安部部属国际政治学院外语系就能享有外语实习的机会。

经过院系两级领导的动员并宣布纪律，还指定我为1978级俄语班的领队和指导教师，俄语班参加实习的师生都表示尊重当地的领导，严守外事纪律。在这之前学校已派人打前站并买好火车票，接待单位是绥芬河边防检查站。学生吃住在检查站，在火车站交接室与苏联人面对面练习听力和口语会话，看苏联电视节目，在边界中方一侧的山上学校一切都安排好了。

1978级学生打好背包坐车到了哈尔滨再转车到牡丹江，在市公安局的照顾下住一宿，第二天一早坐上了牡丹江—绥芬河列车，途中经过检查边防通行证（此证在北京已办好），当天中午正点到达目的地绥芬河。

绥芬河边防检查站早已接到部里的通知。边防站站长、政委、几位科长和翻译都在大门口欢迎我们，检查站的干部战士都把我们的学生视为“自己的大学生”，但为了保密，对苏方人员则称我们是北京外国语学院的学生，1978级用的教材也是北外编的，与苏联人谈起来也方便。边检站是军事单位，所以我们工作生活实行军事化，边检站领导介绍了检查站的工作情况，并提出对我们师生应遵守外事纪律与苏联人交谈的要求，要遵守对外宣传口径及事后写汇报，实习中还请我方赴俄方的铁路交接人员谈在俄工作的情况，并介绍苏联的现状……特别讲了应注意和遵守的外事纪律。

实习主要是让已经学了两年俄语的学生与苏方人面对面地接触，以便训练听和说的能力。每次苏方列车都有货物交接员，学生就在交接室与苏方人交谈，在上车站之前做好准备，指导老师先听，同时校正，每当苏联列车到达，学生就上车站货运交接室与苏联人座谈，谈完回来后要写出谈话内容交到市外办，这样既提高了听说水平又学会了书写汇报。在边检站请干部给学生作报告讲有关工作和苏联的情况，丰富和扩展了有关边防、外事的知识，生活在兵营与战士同吃同住，还和战士打靶，也是一次军训。

应市外办的要求，我给市里涉外干部上了几次俄语辅导课。顺便提一句，我校 1979 级、1981 级都在绥芬河实习，1980 级在满洲里实习。

（作者系我校退休副教授）

在艰苦中品味甘甜

武秀芳

1978年，我从部队转业，被分配到位于木樨地的“政法专科学校”教俄语。没过几年，“政法专科学校”改名为“国际政治学院”，后来学院又更名为“中国人民警官大学”，直至两校合并为今天的“中国人民公安大学”。学校各个阶段的发展变化我都亲历目睹，直到1999年退休离开学校。在这二十余年中，我经历过很多事情，然而最让我难忘的还是我在专科学校教俄语时发生的大情小事。

当时，系里有英、法、德、俄四个专业语种，俄语有两个班，学生都是从北京招的高中毕业生，大部分人都学过俄语，但水平参差不齐。我们教研室有五位老师，除杨鲁、耿保贞、齐铭和我四位女老师外，还有一位男老师——牛劳。

俄语组办公室既小又简陋，里面除了几张办公桌椅外，其他备课用的各种参考书都没有，甚至连一本最常用的《大俄汉词典》也没有，可说是家徒四壁。对于这一切，我们几位老师没有任何怨言，心往一处想，劲往一处使，一心扑在教学上。每天早晨，不管谁先到，第一件事就是墩地、擦桌椅、打开水。无论遇到什么事情，大家都是争着抢着干。所以，我们的办公室总是干干净净、整整齐齐。我们打趣说：“山不在高，有仙则名，水不在深，有龙则灵，房间不在大小，有我们几个就好。”这充分体现了我们不唯条件论的乐观主义精神。

我们团结友爱，亲如一家，工作上互相帮助，生活上互相关心。当时我爱人在外地工作，两地分居，我一个人带两个孩子有点困难。但我并没有因此而影响工作。这主要得益于老师们对我的帮助和照顾。特别是杨鲁和齐铭老师对我特别关心。当时，杨鲁老师就住在木樨地，离学校很近，每当下午要开会或有其他什么事情时，杨老师怕我辛苦，就不让回家，让我到她家吃午饭，有时还帮我带孩子。齐铭老师在生活上对我照顾也很多。有一件小事令我至今难忘。在我儿子生日时，齐铭老师送给他一个小猪存钱罐，我儿子高兴得不得了，把他自己仅有的几枚硬币放在里面，爱不释手地摇来摇去听响儿。耿保贞和牛劳两位老师是从其他高校调来的，他们有丰富的教学经验，在教学上经常给予我帮助和指导，使我的业务水平不断提高。

老师之间是如此亲密无间，师生之间更是有情有义。我们一有空或逢节假日，就去杨鲁老师家聚会。大家一起包饺子、做沙拉、唱俄文歌，《我们是红色战士》《山楂树》《喀秋莎》等歌曲至今我耳熟能详。

我们的学生对老师不仅尊敬，还特别热情友善。记得一天早上我上班，从家里出来下起了毛毛小雨。我担心新买的“英纳格”牌手表被淋湿，就摘下来装衣服口袋里。到西单换车时，我想看一下时间，一摸口袋，手表不见了。我急得像热锅上的蚂蚁，不知道怎么办好，是先去上课，还是赶快报警？我犹豫起来，这时已经过去两趟公交车，我稳定了情绪，决定还是先去上课。我知道晚了，从木樨地下车后，我一路小跑往学校赶，到了教室，我上气不接下气地向同学们道歉。见此情景，同学们丈二和尚摸不着头脑。他们了解我上课是从来不迟到的，猜测一定发生了什么事情，都用惊奇的目光看着我。当我把事情经过简单地告诉他们后，没想到大家几乎异口同声地说：“老师，您别着急！”听到同学们那温暖的话语，我不知道说什么好，没有埋怨，没有不满，只有同情和安慰。下课后，他们立刻把我围住，详细询问事情经过，给我出主意想办法，告诉我去哪儿报案，哪个警察大队解决这类问题比较专业等。在这些“北京通”的帮助下我报了案。虽然最后还是如石沉大海没有任何音讯，但对他们的热情帮助我还是从心底里感谢的。这么多年过去了，当时的场景还历历在目。多么好的学生啊！我为有这样的学生而骄傲，为有这样的学生而自豪！

（作者系我校退休教授）

那一年的开学典礼

李 祥

1957 年的中央公安学院，已从北京复兴门外的白云观，迁到位于西侧的木樨地新校址五年了。那时的复兴门外，杂草丛生，一片荒凉，城内居住的北京人称它为西郊。600 多亩的宽阔的新校园，跨越在东西走向的滢滢护城河两岸，一座木桥连接着南侧教学区和北侧宿舍区，学院的大门紧临通向长安街的复外大街。

北京的秋天，天高气爽，景色宜人，是一年中最美好的季节。入秋时节的校园，几株如火的枫树，高大的阔叶白杨树，环绕的紫色藤萝，一道迷人的秋的景色，仿佛向来自全国各地的培训学员招手。

这一年，公安学院迎来了 102 名藏族学员，他们来自高天雪域的西藏。一张张黝黑的面孔，向人们腼腆地微笑着。这批年龄只有十六七岁的藏族学员，是来自西藏农牧区和边境地区的农牧民子弟，他们出身贫苦，多是农奴的子女，有的本身就是奴隶。离开家乡的那一天，他们集合在首府拉萨。带队的老师于洪是位 30 岁出头，讲话带有山东口音的汉族干部。他和爱人进藏工作刚刚一年多，又领受西藏工委社会部的任务，带学生到内地求学，培训少数民族干部。社会部的领导和特意赶来的学生家长前来为孩子们送行，并献上了洁白的哈达。这时，细雨之后的天空突然放晴，布达拉宫上空挂起了七色彩虹。喔啊！这是神灵为远行翻身农奴孩子们送来的吉祥祝福！

这支百多人的队伍乘坐着蒙有帆布篷的 6 辆大车，沿着青藏公路日夜兼程，离拉萨，经当雄，夜宿兵站，越 5400 米的唐古拉山口，过昆仑山，翻五道梁，一周后到达了修筑青藏公路时形成的新兴城镇——格尔木。他们稍稍休息后启程，路过了麦浪滚滚的红星农场，还有十分罕见的闪闪发光的人称万丈盐桥的察尔汗盐湖。他们还记得在一处兵站夜宿时，老师给大家讲解了大门两侧一副颇有高原气派的对联：南倚昆仑千年雪，北跨盐湖万丈桥。

他们的车队到了西宁。当时的西宁至兰州尚未通火车，车队走了几天后才到达甘肃首府兰州，公安部专门派一名处长在那里迎接大家。几天后，他们乘火车到达了首都北京。在前门火车站，他们受到了学院领导和老师还有在校学习的全国各地、市、县公安局长班的学员的热情欢迎。这批从未离开过家乡的翻身农奴的孩子，经过千山万水，今天到家了，他们一个个欢呼雀跃。走出火车站，他们看到了古典建筑风格的前门城楼，看到了雄伟的天安门和宽阔的广场。“喔啧啦！这么漂亮，真了不起！”他们不约而同地跑到天安门城楼下，久久地仰望着大救星毛主席的画像。

10 月 6 日是个星期日，公安学院召开了首届西藏班开学典礼。主持学院日常工作的副院长兼党委书记周仲英致贺词，达赖、班禅驻京办事处两位主任出席了典礼并讲话。周仲英是一位富有传奇色彩的老院长，他于 1926 年经李大钊同志介绍加入中国共产党，不久被派到黄埔军校学习，历经抗日战争和解放战争，做地下工作时不幸被捕，在国民党监狱备受折磨，几乎死在狱中。他的身体被弄坏了，不得不常年穿着一件护腰伤的钢背心。那一天，周院长穿了一套半旧的毛料军服，整整齐齐，加上那件护腰伤的钢背心，他的腰板挺得格外直。他步履稳重，面带微笑，代表公安部罗瑞卿部长（兼公安学院院长）和公安学院党委，欢迎同学们来北京学习。他讲话略带湖北口音，节奏舒缓，还不时幽默一下，处处显示着他的儒雅之风。他向学员们阐述了毛主席关于推迟西藏民族改革指示的伟大意义。早在十八军进藏时，毛主席就明确提出“慎重”“稳进”的方针，不久，毛主席又提出：“西藏不能和新疆、内蒙古比，那是一个很特殊的地方，要用特殊的办法解决。”那时，内地已开展了农业合作化运动，完成了城市资本主义工商业改造，已基本进行了民主改革和社会主义改造。但考虑到西藏的特殊问题，和平解放后的西藏仍保留着农奴制度，这是毛主席运用马列主义原理解决西藏问题的英明决策。中央根据毛主席的指示，西藏的人员、机构大下马，人员内撤，在内地开办学校，培养并储备少数民族干部，为将来进行民主改革工作服务。周院长说，藏族是我们民族大家庭中的重要成员，是我们亲爱的兄弟，帮助藏族兄弟，建设繁荣幸福的新西藏，是各民族，尤其是汉族义不容辞的责任。他鼓励大家树立信心，克服困难，圆满地完成学习任务。

公安学院已有9年的办学历史，但开办西藏班，面对既不会藏文又不会说汉话写汉字的“双文盲”学员，难度是很大的，不能简单地采用针对其他学员的课程内容和教学方法。学院领导同西藏班老师共同研究探讨新的教学模式和特点，总结出学汉文首先学汉语的“先语后文，口语为纲，语文结合”的藏汉语扫盲方法；从阶级教育入手，抓忆苦教育和无神论教育，提高学员的思想觉悟；带学员到各地参观学习，增强民族团结，进行爱国主义和政策形势教育，也学习各地公安基层工作经验。西藏班的办学经验，成为少数民族教育的典范，受到了当时的北京大学、天津南开大学的观摩和赞赏。公安学院开创并实现了西藏班的培养目标：把处于中世纪封建农奴制度下的农奴，迅速培养成为立场坚定、界限分明、初步懂得公安工作基础知识和具有高小、初中文化程度的初级公安干部。

近半个世纪过去了，公安大学为西藏培养输送了7000多名干部，大部分在公安政法战线担任领导工作，有的还成为国家领导人，为西藏的稳定和发展做出了贡献。第一届学员，如今都已鬓发苍白，他们时常想起那一年布达拉宫上空的七色彩虹，第一次远离家乡的日夜兼程，看到天安门城楼上毛主席画像时的无比动情。还有，母校的一草一木，秉烛夜读的宿舍和教室，辛勤耕耘的老师……更不能忘记的是那一年的开学典礼，它成为西藏班学员们革命人生旅途中的新起点。

（作者系我校退休干部）

中央政法干校沙洋“五七干校”纪事

陈国强

1969年冬天的沙洋异常寒冷，这年的元旦刚过，沙洋就遇到了一场几十年罕见的大雪，气温陡降到零下15摄氏度，但“文化大革命”的热浪并没有因这场大雪的覆盖而降温，“斗、批、改”仍在继续，夺权斗争仍在进行。

为响应毛泽东主席“五七”指示号召，1月25日，中央政法干校（现中国人民公安大学）一行30余人的先遣队按照公安部的决定，南下湖北，到沙洋创办“五七干校”。他们冒着凛冽的寒风，乘火车先到武汉，再转乘长途汽车在汉宜公路上颠簸八九个小时来到了沙洋。先后到来的还有最高人民检察院、最高人民法院的先遣队。

沙洋地处江汉平原与鄂西北山区接合部，1952年，湖北省在这里建立了全国最大的劳改农场——沙洋农场。按照湖北省革委会的指示，沙洋农场拿出部分土地和房屋供中央和省直各单位建“五七干校”。其中，将政法干校和高检、高法安排在离集镇不远的三农场一个叫“鸡鸣嘴”的高岗地上，将原住在这里的犯人迁走。

经过一个月的准备后，大队人马于2月底和3月初分批陆续到来。这个由三家单位组成的“五七大队”，后被沙洋老百姓俗称为“三高五七干校”，一千多名来自中国政法干校的教授、法律专家与高检、高法的检察官、法官和家属们，由此在沙洋开始了他们短则三年、长则七年的“五七干校”生活。

“五七大队”由军管组管制，实行军事化管理，按营、连、排的建制编队。主要任务是继续进行“斗、批、改”，同时开展农副业生产，实现生活上的自给自足。“五七大队”下设三个中队，政法干校是第三中队，三中队的“五七战士”被编为三个连，一连和二连负责农田生产，种水稻、小麦和棉花，三连专门搞基建。

政法干校的“五七战士”受到军管组的严厉管制，被强制参加如打眼放炮、运石头、搬砖、砌墙等高强度劳动。沙洋农场的劳改犯见到他们，很是兴奋：“哇！我们的接班人来了，我们可以回家了。”“五七战士”先后盖起了七八栋平房、一栋两层楼房和一个高大宽敞的棉花仓库。如今，在鸡鸣嘴上，由他们依岗而建、俗称“步步高”的楼房和一排排红砖瓦房大都保存完好。

已从公安部副部长位置上退下来的胡之光时任政法干校宣传处副处长，被打成黑帮人物，与同在政法干校工作的妻子一同押解到沙洋“五七干校”，被安排在三连与犯人一起开山炸石头，其处境就跟劳改犯差不多。一次，他腹膜炎病犯了，高烧41摄氏度，但军代表可不管这些，不准请假，更不准住院，要他继续去炸石头。除了劳动，他还经常挨批斗。那年的大年三十晚上，军管会召集开会，说要抓阶级斗争新动向，会上，军代表借京剧《沙家浜》中胡传魁的一段唱词，指着胡之光：“胡司令，站起来，把你的十几个人、七八支枪交出来。”见胡之光不交人，就发动大家揭发、批斗大半夜。在“五七干校”的七年里，150多斤的胡之光消瘦得只剩下90余斤。但他始终保持着乐观心态，硬是从极端困境中挺了过来，粉碎林彪、“四人帮”后，胡之光被抽调参加“两案”的审理工作，随后被提拔为公安部副部长。

在沙洋的几年，沙洋农场和当地政府给了这些“五七战士”无私的帮助和关怀。为了让他们吃饱、吃好，沙洋农场将自己种的各种蔬菜以每斤1分钱的象征性价格卖给他们，并派技术人员到干校指导农业生产，手把手教他们种棉花、水稻。沙洋镇粮管所则专门供应他们70号面粉和优质米。每到夏天，三农场的各队几乎天天都来慰问，给他们送来西瓜和香瓜，帮助他们防暑降温。

在沙洋地方政府和老百姓的帮助和爱护下，“五七战士”们终于从逆境中走了出来，他们与沙洋美丽富饶的土地，与沙洋朴实善良的人民结下了不解之缘。三十多年过去了，那些“五七战士”还时常惦记着沙洋，关注着沙洋的发展、变化，不时有一些已是满头白发的老人和其子女专程从北京来寻旧，追忆往事。2007年5月1日，一支由22名“三高五七战士”及其子女组成的“还乡团”又一次踏上了这片土地，当他们看到鸡鸣嘴上自己亲自盖起的房屋仍然耸立在那里时，真是百感交集，思绪万千，纷纷在这里留影纪念。而让他们最为高兴的则是沙洋的发展变化，因为这里有他们心中永远抹不掉的记忆，有他们一生的牵挂。

（作者系湖北沙洋县干部）

回忆在华北公安干校的学习

秦祖仪

我是在新中国成立前夕走进公安队伍的。1949 年 6 月，在华北人民革命大学学习结业后，我被分配到华北局社会部公安干部学校学习，在这里接受了人民公安的启蒙教育。当时，我还是个 16 岁的小青年，所受到的教育对我后来的一生影响很大。

我到华北公安干部学校时，学校已经迁到白云观了。学员有四五百人，编为五个队，队下再编为若干小组，每组十几个人。队的顺序从办训练班开始统一排列，五个队从三队起，编到七队。三队是文化程度较高的，七队是女生队，我被分在第五队。后来，在公安部工作的佟静秋、赵亚彬、安宝炎等人都是我们这一期的。

当时，学校的日常工作由教育长张德含负责。我们的学期为半年，分为两个阶段：第一阶段是政治教育，第二阶段是业务教育。

政治教育，主要是学习马克思列宁主义、毛泽东思想的基本理论，也包括对学员进行政治审查，考察学员的家庭、历史、社会关系状况。当时的学员大多是刚踏入革命队伍的青年，少数是从工厂、矿山选调的青年工人和已经做过一段工作的青年干部，绝大多数来自新解放的城市。政治教育的一个重要内容是结合公安实际，进行世界观、人生观的教育。讲人民公安工作的重要性，人民警察同日警察的根本区别，培育对公安工作的责任感，从而把它作为自己努力为之奋斗的革命事业。讲党和人民对公安人员的信任和期望，只有政治坚定、忠诚老实的人才能担当这一工作，培育做公安干部的光荣感，自觉地投身到这项事业中。讲公安人员是人民的勤务员，要不为私利，艰苦奋斗，培育全心全意为人民服务的观念，勤勤恳恳地工作。在这段学习中，我们还要写自传，交代家庭、历史情况，写思想总结，反映参加革命前后的思想变化，比较紧张。而且，涉及世界观、人生观的问题，也不是一时就能解决好的，但这几个月的教育，给我留下的印象是深刻的，它给了我一生投身人民公安的信念和前进的方向。

业务教育，主要是讲当时公安工作面临的形势、任务和工作方针、政策等，着重基本知识。采取集体上大课，分小组进行讨论，由好学员队干部给以辅导的办法。那时候，学校的设施简陋，在一间大空房子里上课，既无像样的教室，也没有什么礼堂。上课时，每个学员自带马扎或小板凳，列队而入，就地而坐。但是，给我们上课的老师，都是公安保卫战线上的前辈，有很高的思想水平和丰富的公安保卫工作经验。记得 1949 年 11 月，出席全国公安高级干部会议（后称第一次全国公安会议）的上海市公安局局长李士英同志，从东北局社会部奉调就任南京市公安局局长、途经北京的陈龙同志，都曾应邀到学校给学员讲课、作报告。他们都是在公安保卫战线上功绩卓著，并有着传奇般经历的前辈。李士英同志早在 20 世纪 30 年代初，就在上海参加周恩来同志领导下的中央特科的工作，为保卫党中央做出过重要贡献。后在华东地区的抗日根据地和解放区，担任公安保卫机关的领导工作。李士英同志后来担任了最高人民检察院副检察长。他讲的主要内容是，在解放上海时，怎样准备接管国民党警察机关，建立人民公安机关；进入上海后，怎样同残余的反动势力做斗争，维护社会治安，巩固新生的人民政权。陈龙同志在 1933 年就担任东北抗日联军第二军参谋长；抗日战争时期，他在延安中共中央社会部担负保卫部门的领导工作，曾随毛泽东主席去重庆参加国共谈判，负责毛主席的安全保卫，出色地完成了任务；日本投降后，担任中共东北局社会部副部长，主管对敌特的侦察工作，取得辉煌成绩。陈龙同志后来担任了公安部副部长。他讲的主要内容是怎样对敌斗争。他们讲的内容都密切联系实际，生动具体，经验丰富，思想深刻。对于我们这些初识公安面目的青年人，听起来更是出神入化，是极好的启蒙。当时，在铁道部公安局任局长的冯纪和在公安部任处长的李广祥、苏宇涵、姚峙等同志，都到学校讲过课，是我们的老师。毕业分配前，罗瑞卿部长等领导还亲临学校，检阅学员队伍，给大家很大的鼓励。

学员的生活艰苦朴素，生动活泼。当时我们都享受供给制待遇，吃大灶，发衣服，按小组集体用餐。开饭前，用一个大铁盆把饭领来，大家围拢到一起，蹲下来吃饭。每周改善两次伙食，可以吃到细粮和较多的肉。入冬时，每人发一套土布棉衣。这种土布一般都是农民手工纺线和织成的，布幅只有一尺宽，质地粗厚，不宜着色，但很结实，现在已很难见到了。棉裤是中式的，上边有半尺长的裤腰，很肥，穿时要把肥出的部分挽起来，用一根布腰带系住，虽然宽松但有点累赘，对男同志来说，要方便时不太方便。于是趁过年放假的时候，我没有外出，自己动手改做了一番，剪掉肥的部分，在前面钉上了扣子。虽然不美观，但方便、轻快了些，好在那时人们并不注意穿着，实用就行。此外，我们每月还发几千元的零用钱。但那是币制改革以前的人民币，一万元等于现在的一元。所以几千元只相当于几角钱，是按 6 斤小米的价值折算的，用来购买牙刷、毛巾之类的日用品。平时除了出操以外，还组织一些文体活动，如打篮球，由学员自己排演一些文艺节目，自娱自乐。偶尔也集体进城看电影，一般是在西单即现在的首都影院。学员们列队步行，唱着歌，喊着一、二、三、四的口号，一点也不觉得累。这样的生活，同战争年代相比，已经好了许多。但是，对刚刚踏入革命队伍不久的大多数城市青年来说，仍然是比较艰苦的。可是大家心情舒畅，以艰苦为荣，苦中有乐，可以说是很有益的培养品德、意志的锻炼，是实际的传统教育。1949 年 10 月 1 日，学校的干部、学员到天安门广场参加开国大典，聆听了毛泽东主席向全国、全世界宣告中华人民共和国的成立，真是一个值得怀念的历史时刻。但我因为身患疟疾，一会儿恶寒，一会儿高烧，队干部动员我别去参加，我万分不愿意，但又实在不能去添麻烦，只好留在学校，幻想着天安门广场的热闹情景，留下了终身的遗憾。

新中国成立的时候，百废待兴，人民公安机关的任务繁重而艰巨。在这个时候办起公安干校，许多领导同志亲切关怀，亲自授课，说明公安领导机关、领导同志对公安教育的重视，也说明公安教育的重要性。1950 年 7 月 9 日，罗瑞卿部长为中央公安干部学校题词："公安学校全体同志的任务，就是要为培养大批坚强的公安干部而努力。"后来我才知道，对公安教育的重视，是有传统的。战争年代，苏区、抗日根据地和解放区的公安保卫机关，就很重视对干部的教育训练，举办过各种训练班。仅中央社会部的保卫干部训练班，抗战时期就在延安办了 9 期。

公安教育工作在罗瑞卿等老一辈公安领导人的关怀下，几十年来有了很大的发展，公安教育事业不断改革、前进，为不断提高人民公安队伍的素质，培养了后备军和创造了理论条件。

（作者系公安部离休干部）

剑虽利不砺不断，材虽美不学不高

——记洛旦同学二三事

李 祥

在大部分已过而立之年的专修部学员中，洛旦的年龄是最小的，炯炯有神的大眼睛透着睿智的光辉，举止间还常常带有大孩子般的稚气。他全名叫洛桑旦达，是专修部1985级管理专业的藏族学员。同学们都亲切地叫他“洛旦”。

洛旦原来的文化基础较弱，1980年初中还没有毕业就被送到中央政法干校西藏班学习两年。由于西藏班领导教育有方，加上他本人孜孜不倦，汉语文化水平突飞猛进，蝇头小楷写得蛮好，谁见谁夸。毕业后回藏工作两年多，组织上见他优秀，是个好苗子，1985年又被批准来我校西藏班预科班学习。他时时叮嘱自己千万不能辜负组织上的期望，学习真的拼命了，千方百计地利用一切时间，甚至排队买饭时都默默地背诵着。刻苦的学习收获了丰硕的果实，在1985年我校专修部录取的20名藏族学员中，他的考分名列榜首。

洛旦考入专修科后，更加用功了。老师说他尝到了知识的甜头，同学们说他学习起来像着了魔似的。由于品学兼优，乐于助人，他被评为校级三好学生。

说洛旦学习好，不仅指专业学习成绩优秀，他还能挤出时间自学外语。1983年在西藏公安厅工作时，开始跟广播讲座学英语，四年来从不间断。他精力旺盛，每天学习、锻炼时间表排得满满的，从不浪费一点时间。早晨起床锻炼身体后，七点至七点半收听英语广播。午饭后稍事休息，然后默读英语单词。晚上一般在自习室和图书馆度过。电影、电视他很少去看，但学校举办的英语讲座，他可一次不落。去年，学校聘请美国人当老师，为本科生举办英语口语培训班，他也参加旁听，因而，外语水平提高较快，可以阅读一般的英文报刊和英文小说。

他发音纯正，会话流利，还受到一次实地的检验呢。事情是这样的：一次他和一位同学去首都机场送人，在候机厅里见到一位外国朋友焦急得转来转去，于是他上前通过流利地对话，轻而易举地帮助外国朋友解决了问题，握别时，那位客人连连向他致谢。

洛旦生活俭朴严谨，平日里不嗜烟酒，在穿戴上也从不讲究，把钱几乎都用在购买学习外语用具和书籍上。他也有业余爱好，一是长跑，二是音乐。在专修部召开的运动会上，曾获得三千米长跑冠军，也是全校越野赛跑的第九名。陶情养性莫过于音乐。读书累了，打开录音机，听一支曲子，有时拨弄一会儿吉他，轻松一下；高兴了，或许与同学们跳起民族风格的“锅庄”舞。但他最大的乐趣还是一个人坐在自习室或图书馆的一个角落里默默地看书，在知识的海洋里尽情地遨游。

洛旦在学校打下了好根基，他经过长期考验，被西藏自治区公安厅提拔为副厅长。

（作者系我校退休干部）

怀念母校

林迪礼

1950年4月，我由中共中央华东局保送到北京中央公安干部学校第三期学习，1951年1月毕业，被分配到公安部边防保卫局政策研究室工作。同年9月，我再次进公校政治班学习，1952年11月结束，随后我被调干到新疆，分配在克拉玛依市新疆石油管理局工作，为保卫和建设新疆的石油事业贡献并战斗了一生。

亲爱的母校，您以延安整风的精神和“团结友爱、严肃活泼、忠诚老实、坚定机敏”的校风教育我们，您聘请中央党校和公安部的专家及领导为我们讲课。校部和队部的干部都以身作则，对学员关心备至，胜过亲人。在这样好的学习、生活环境里，我们的理论、思想和业务水平得到提高，更重要的是，它帮我找到了人生的最高定位点，树立起革命的世界观、人生观和价值观。

可以说，在母校的这两次学习，是我人生的一个重要转折点。半个多世纪以来，在我前进的道路上，既有胜利和成功的喜悦，也有困惑和遗憾的无奈。我的革命生涯，也是社会生活演变的一个缩影。是母校的教导，给了我战胜困难、战胜自我的信心和力量，让我在大风大浪中不迷航、不沉沦。

党叫干啥就干啥，爱岗敬业，无私奉献，干一行，爱一行，这些已成为我工作生活的习惯。我曾有过频繁的工作调动，从中央国家机关到工农业生产班组，从国家公务员到淘粪工，我先后干过20多个工种的工作。但不管在哪个岗位，我都尽职尽责，认真做好每一项工作，因为我认为自己是公大人，所以每个岗位都给我留下了美好的回忆。

记得1951年我刚走上工作岗位，巧遇公安部要召开第一次全国边防会议，我马上投入会议的筹备工作中，并执笔起草了一些会议文件。有一天，我的领导吴主任笑着对我说："小林，我们写的会议材料，毛主席已经圈阅了。"他解释说，召开这样的大会，要中央政治局批准才可以，他又告诉我，刘少奇、周恩来和董必武也都圈阅了。我参加革命后的第一项工作成果，就得到毛主席和党中央领导审阅，我怎能不激动万分呢！我当时紧紧握住吴主任的手说："我真是太幸运了！"这件事虽过去整整半个世纪了，但它仍是我人生中最珍贵、最幸福的回忆。

在新疆的反"右"运动中，我被下放劳动，自治区党委决定把100多名右派分子集中管理，并派我担任集训队的负责人。当时，分给我们的劳动任务是最脏、最累、最苦、最危险的。我们大家同吃同住，白天生产劳动，晚上组织学习。我把在母校学到的知识和管理办法都用上了，首先尊重他们的人格，教育他们要学会面对现实，正确处理个人与组织的关系，稳定情绪，要坚信党和人民群众，要懂得"道路是曲折的，前途是光明的"。这些教育作用很大，大家看我一个体弱多病的人跟他们一道吃这样大的苦，还要逐个苦口婆心地和他们交谈，都很感动，他们说："从你身上我们看到一个共产党员的模范形象。"但当时我还不是党员。由于过度劳累，我患了严重的肺结核病，连续咳血80多天，但我仍坚持在岗位上。

一天，石油局党委来集训队检查工作，在听完我们的汇报后，王书记对我说，一年多来，集训队在极端困难的工作和生活条件下，完成了生产和学习的双重任务，而且完成得很出色，特别是没有发生一起破坏事故、人身伤亡事故和责任事故，这在全国"右"派集训队中是罕见的。你为党立了功，党感谢你！虽然疾病带给我很大的痛苦，但我为自己能为党的事业无私奉献感到欣慰。亲爱的母校，是您把我培养成为了有用之才。

在以后的政治运动中，我也受到了不同程度的冲击，但母校给我的知识、信念和在实际工作中得到的锻炼，使我能在思想上正确对待，在行动上妥善处理。

我虽曾忍辱负重，但我却无怨无悔。

（作者系中央公安干部学校第三期学员）

回忆母校

沈永伯

我曾是中央公安干部学校第四期的学员，从 1950 年年底入校至 1951 年 7 月毕业。半年多的学习经历，让我毕生难忘。

母校的这期学员，分别来自北京、上海、天津、济南、青岛、石家庄等城市，都是从当时响应党和政府抗美援朝的号召报名参加军事干部学校的青年学生中选调到中央公安干部学校学习的。

当时全国解放不久，新中国成立刚一年。历经旧社会苦难的我国广大青年学生，从共产党与国民党以及解放军与国民党军队的对比中从内心拥护共产党，拥护解放军。由于共产党在全国人民心目中有崇高威望，因此广大青年学生政治热情高涨，纷纷响应党和政府抗美援朝的号召，报名参加军事干部学校。当时，我是上海市陆行中学高三学生，是校学生会和团总支的干部，理应带头响应党和政府的号召，于是我报名参加了军事干部学校。

报名参加军事干部学校被录取的在校学生，后来有分配到空军的，有分配到海军的，有分配到通讯社的，还有分配到军医大学的。在大家分配之前，李之朴校长找我和我班班长张文逸谈话，说砸烂了国民党旧的国家机器，要建立新的国家机器，目前国家公安部门急需一批政治坚定、思想进步的青年知识分子充实人民公安机关。上海市人民政府决定从每个区参加军干校的优秀青年学生中选拔两名到北京中央公安干部学校学习。洋泾区（当时陆行中学所在地归洋泾区管辖，后来洋泾区建制撤销，现陆行中学所在地归浦东新区金桥出口加工区管辖）的两名都从陆行中学报名参加军干校的同学中选拔。经校党支部研究，决定你们二人为候选人，现征求你们的意见。我们都说服从组织分配。

1950 年年底，上海市共有 31 个区，从其中 30 个区各选拔出 2 名、1 个区选拔出1名，共61名报名参加军事干部学校的同学到中央公安干部学校学习。随后，这61名同学在上海新亚饭店集合，到当时的上海北火车站乘上了去北京的火车。

在新中国成立初期，我国铁路很落后。从上海到北京，火车行驶了三天三夜。那时，北京火车站在前门，即现在的中国铁路博物馆。一出北京火车站，我们一眼就看到世界闻名的天安门和天安门城楼上的毛主席巨幅画像，个个兴高采烈，情不自禁地高呼“毛主席万岁!”随后，我们被带到了白云观。大家以为中央公安干部学校在这附近，没想到就在白云观内。后来才知道，国家已为学校征了地，准备动工建设，在建成之前，学校暂时借用白云观和北京解放接收的原“国民党华北剿共总司令部”的西仓库（以下简称西仓库）临时作为校舍。

我们这期学员到校后被编成从第13至第19共七个队：第13队的学员原来具有高三以上的文化，当时被戏称为大学生队。第14队是女生队，第19队是文艺队。其余男生分别被编入第15队、16队、17队、18队。除第13队安排在西仓库（现公安大学木樨地校区以南、莲花池东路以北）外，其他六个队和校本部都安排在白云观。各队下面分班，每班一间大屋，吃饭、睡觉、自学、讨论都在同一间屋内。听报告、上大课都得自己拿着马扎到白云观礼堂听课。从西仓库到白云观，当时要从京张铁路线的桥洞穿过。在20世纪50年代中期，京张铁路的始发站从丰台移到西直门后，西直门以南的铁路路基和铁轨被拆除，改造成马路，即现在的白云路、三里河东路。

当时，中央公安干部学校校长由公安部部长罗瑞卿兼任，副校长是周仲英，教育长是张德含。各队配有一名辅导员，负责对本队学生进行日常管理。中央公安干部学校实行半军事化管理。每天都要早早起床，抓紧铺床叠被、洗漱完后马上出来列队操练。白天晚上学员还要轮流值班在校门口站岗放哨。因为当时解放不久，社会治安不好，附近还有放黑枪的，因此在站岗放哨时必须佩戴枪支。

我们从入校起享受包干制待遇，每月发11.7元（当时旧币117000元），扣除伙食费9元，还剩2.7元的零花钱。国家发给警服外衣和警帽，鞋和内衣需自己花钱买。当时的警服与军装大同小异，颜色都是黄色，都有“中国人民解放军”白底黑字的胸章。警帽与军帽的颜色和式样也完全一样，都有“八一”两字的五角星帽徽。所不同的是警服比军服多了“公安”两字的盾牌臂章。那时校内没有自来水，吃饭、喝水、洗刷都靠打井水；冬天取暖由学员自己烧煤球炉；校内也没有洗澡的设施，周日轮流集体步行到西单一家浴池去洗。

除了罗部长、周副校长、张教育长和公安部一些局长给我们上课外，学校还外请艾思奇、孙定国、安子文等专家和领导来校作报告。经过半年多的学习，我们初步树立了唯物史观和正确的革命人生观，熟悉了中国共产党的历史，懂得了加强公安工作对巩固人民民主专政的重要作用，知道了公安工作的一些基础知识，与国民党旧警察作风和特权思想划清了界限，懂得了知识分子思想改造的必要性，下定了全心全意为人民服务的决心。

在我们学习期间，中央公安干部学校的新校舍开始动工兴建。那时，校区范围很大，南至小马厂（现莲花池东路），北至复兴门外大街。学校正门开在靠近复兴门外大街南侧，现在的木樨地校区还不到原来中央公安干部学校校区的三分之一，主要原因是公安部下属单位在校区盖了不少房，其中有些单位交了出去。如现在的北京复兴医院住院部，原是公安部直属医院，占用校区盖的房，在 20 世纪 50 年代末，该医院交给了北京市。后来的航天部八一一厂和航天部十七所，原是公安部技侦局在 20 世纪 50 年代占用校区建的北京实验工厂和公安部十二局七处，后在“文化大革命”初期因“窃听器事件”将该工厂厂房及宿舍全交给了航天部。公安部给中央写了报告，经周总理批准，在白石桥重建了技侦工厂。因周总理批准签字日期是 3 月 29 日，故该厂开始起名叫 329 厂，后改名为公安部第一研究所。公安部办公厅于 20 世纪 60 年代初占用校区建的京安印刷厂，“文化大革命”中交给了海军，变成海军印刷厂。后来，公安部觉得自己没印刷厂不方便，又想要回来，最后只要回一半。此外，公安部三局盖刑事技术研究所的办公楼和宿舍，以及公安部幼儿园和公安部木樨地五幢楼房和一些平房，也占了校区面积。1998 年 2 月，公安大学和原警官大学合并，统一校名为公安大学，原公安大学校区变为公安大学木樨地校区，原警官大学校区变为公安大学团河校区。两个校区加起来，也没有 20 世纪 50 年代初的中央公安干部学校的校区大。

1951 年 7 月，新校舍第一幢平房还未完全建好，我们这期学员就毕业离校走上工作岗位了。

（作者系中央公安干部学校第四期学员）

短暂而神秘的警卫安全专业

吴　刚

在警官大学历史上，存续时间最短暂、专业内容最神秘的，当属1984年设立，仅招收过两级学生的警卫安全专业。因其存续极为短暂，后来的警官大学、公安大学校友对此都不太了解，甚至一无所知。其实，这警卫安全专业，当年可是享有好多“最”名的。

一、设立背景最重大

警卫安全专业的设立，应该从1981年里根遇刺说起。1981年3月30日，美国新任总统罗纳德·里根上任的第69天，总统宝座还没坐热乎呢，就在希尔顿酒店门口突然遭到刺客用转轮手枪连击5枪。幸好美国特勤局的保镖们反应敏捷，挺身而出，挡住了最危险的一发子弹，瞬间将里根拥入防弹轿车里，一路疾驰到定点医院紧急手术，才使里根最终幸免于难。

刺客这5枪，震惊了美国，轰动了世界，也引起了我国有关方面的高度重视。因为邓小平同志1979年访问美国之后，党和国家领导人的出访及外国贵宾的来访日益增多。公安警卫部门和中央领导层对美国等西方发达国家的警卫体制、勤务方式、技术手段和执法水平已经有了直接感受，认为在人人有权持枪的高危社会环境下，美方警卫安全部门的工作水平是比较高的。这次里根遇刺，固然是由于总统警卫工作有重大疏漏，但里根遇险后能从鬼门关转了一圈平安归来，则还是直接得益于美方警卫人员的勇敢敏捷和训练有素，以及美方警卫安全体系的专业和高效。里根遇刺之后，美国在场保镖团队和相关急救系统的完美表现和配合，通过电视画面、照片、文字报道在全球不断展示，每天都在刺激着相关人员思考一连串的问题：在中国，能否有效避免类似行刺案？如果遇到类似行刺案，我们的警卫人员是否也能做出同样完美的表现？我们的警卫安全体系是否也能专业高效地运转？

在上述背景下，有关方面认识到，为了适应国家日益改革开放的形势，保证中外警卫对象的绝对安全，必须尽快培养一批立场坚定、绝对忠诚、英勇顽强，接受高等教育、掌握现代科学技术，技能全面、训练有素的新一代公安警卫干部。经过多方多次研商，终于决定于1984年在警官大学设立警卫安全系（六系）和警卫安全专业。为方便管理，将新设立的城市交通管理工程专业也纳入警卫安全系。

二、招生过程最神秘

对于招收警卫安全专业学生，当时的警卫部门和校方都高度重视。除开北京不说，在天津、山东、河南、河北地区招生，都是由公安部警卫局处级干部带队和北京市局干部及校方（首次招生时以国际政治学院名义）老师共同组成招生小组，在高考前就提前去各地重点中学面试选择高中毕业生，逐一访问目标学生家庭，进行最严格的政治审查，在高考成绩公布后立即加试体育，对合格考生以最优先顺序录取。按招生老师的说法是："咱们看上的学生，只要过了（分数）线，各省市招生机构必须无条件调档，提前安排录取。"首次招生时，为了广纳人才，还从武警特种警察学校、地方公安警校、武警部队中根据高考成绩择优招收了部分学生。

三、培养意识最奇葩

说奇葩，是笑谈；往职业上说，是指培养与人体本能相反的职业意识和反应。警卫安全专业的学生，必须培养出"朝着枪口转""迎着子弹上"的特殊意识和反应。警卫工作的特殊性质，决定了警卫人员必须把警卫对象的生命安全置于至高无上的地位。危急关头，必须坚毅勇敢、不怕牺牲！也就是说，看到枪口、看到炸弹、听到枪响、听到爆炸声，警卫人员必须把自己的血肉之躯当作最后一面盾牌，抵挡危险，保护警卫对象的安全和撤离。必须把人们看见枪口、炸弹，听到枪响、炸弹响"躲枪口""躲子弹""躲炸弹"的下意识本能反应，训练调整成见枪就上、有子弹就挡的"挡子弹"职业反应。所以，警卫安全专业的学生，入学之初，被强调培养的专业意识之一就是："迎着枪口上""用身体阻挡子弹""用身体遮盖警卫对象"。当然，"挡子弹"是最后一招了。前面所有的警卫工作目标，都是让它不能打响，不能炸响。行内说得好，响了，警卫工作就算失败（一大半）了。

四、各级领导最重视

1984年10月，警官大学和公安大学一起举行开学典礼，习仲勋同志代表党中央、国务院到会祝贺并发表了热情洋溢的重要讲话。习仲勋同志除了宏观论述外，谈及公安具体专业工作时，仅举了一例，就是说到警卫工作的形式需要改进。可见警卫工作和警卫安全专业在当时的受重视程度。

警卫安全系首位系主任，由公安部警卫局原副局长孟宪嘉出任，他对警卫安全系的专业发展贡献良多，居功甚伟。孟主任积极争取、多方协调，校方和警卫系统各部门给予了大力支持，警卫安全专业在教学条件、师资配备、课程设置、生活照料等方面都得到了特殊照顾。曾记得，警卫安全专业学生每人每月的餐费补贴都有好几十元人民币。在当时，这标准比一个普通教职工的月工资还高呢。每个学期，警卫安全专业还发放各季运动衣和运动鞋，这令其他专业的同学们艳羡不已啊。

五、学习科目最广泛

本着眼界开阔、技能全面的原则，新设的警卫安全专业在发展中不断探索、充实、调整学习科目，摸着石头过河。除了马克思主义基本原理、政治经济学、法学、外语、公安业务基础等课程外，先后尝试开设了无线电通信、实用电工、心理学、运动生理学、运动医学、营养与保健、食品（毒物）检测、警卫业务、防爆安检、摄影、涉外礼仪等多项课程，以及擒拿格斗、射击、驾驶、游泳等技术性训练课程。在短期讲座和介绍中，还涉及防范射线伤害、生化伤害、反窃听窃照以及相关特殊专业工作等内容。

六、教学用车最充足

为专业教学使用，警卫安全系当时配备了"大红旗"轿车、进口品牌轿车、大卡车、警用摩托车等二十余辆。在20世纪80年代中期，这算得上是全国高等院校系级最强悍的机动车配备了，绝对高大上啊。校内检阅时，总是警卫系的阵容最为强大，车流滚滚，浩浩荡荡。后来才得知，上专训课时，警卫安全专业同学们反复使用的那辆黑色“大红旗”轿车，竟然曾经是某位历史著名人物的专用座驾，携带着特殊时代的风云故事。

七、武林高手最集中

为提高警卫安全专业学生的擒拿格斗水平，警卫安全系设立了擒拿格斗教研室，初期汇集的教师有：军警擒敌技术界元老杜仲勋，梅花桩拳传人韩建中及其弟子魏巍、安家臣，八卦掌传人及赵氏擒拿掌门人赵大元，毕业于北京体育学院的散打高手董金明、通臂拳侠女侯晓冬，前国家柔道队名将李彤，等等，可以说是门派荟萃，精英云集。各位老师都摒弃门户之见，扬长避短，齐心钻研，教授警卫专用身体控制技术和擒拿格斗技术。

严师门下出高徒，在各位武林精英的精心训练下，警卫安全专业的学生，成为警大擒拿格斗战斗力最强的队伍。1986年春天，警卫安全专业同学组队代表警大参加了北京市散打精英赛。在来自武警、公安、体育院校、地方武协等系统的几十支参赛队伍中，警官大学散打队的总体实力，仅次于武警部队特种警察学校（国家反恐主力队“猎鹰突击队”前身，当时处于全天候、高强度实训和作战值班状态），多位同学都取得了优异成绩。

八、专业课程最保密

警卫工作的特殊性质，决定了警卫安全专业课程的高度机密性。警卫专业在进行教学时，经常邀请国家有关部门的在职负责人分类讲课，涉及党和国家领导人及外国贵宾的住地、随身、现场、路线、会议、专机、专列等各类警卫工作，其中相关的机构设置、人员组成、工作原则、工作形式、处置措施、工作方案、技术手段、典型案例等均属高度机密，保密要求在警官大学各专业中是最高的。

（作者系中国人民警官大学1984级警卫安全专业学生）

人物春秋

为造就大批坚强的公安干部而斗争

——周仲英同志在中央人民公安学院

刘复之

我们非常怀念周仲英同志，这位对我国人民公安干部队伍建设做出巨大贡献的老同志。

周仲英同志是1950年年初到中央公安部的，任部党组成员、中央公安干校副校长（罗瑞卿兼校长）兼党委书记。那时，我国人民革命战争在全国取得了伟大胜利，为了加强人民民主专政，同国内外敌人的破坏活动做斗争，各地纷纷建立公安机关，急需大量的公安干部。在部党组的领导下，周仲英同志创造性地完成了这一历史任务。

什么是坚强的公安干部？周仲英同志认为，就是具有共产主义世界观和为人民服务的人生观，能运用马克思主义的立场、观点、方法去开展工作的公安干部。基于这个认识，周仲英同志带领全校教职工总结教学经验，确定在学习马克思主义理论、改造思想的基础上学习业务的教学方针，并为这一教学方针的贯彻实施进行了不懈的努力。

中央公安干校是短训班的性质，每期教学只有6个月，周仲英同志坚持以3个月时间进行马克思主义理论、着重是历史唯物主义的一些基本观点教育，使学员认识到劳动创造世界，劳动人民是历史的主人，工人阶级是最先进的阶级，共产党是工人阶级的先锋队，个人利益是党和人民利益的一部分，有了党和人民的利益才有个人利益，从而引导学员树立共产主义世界观和为人民服务的人生观，树立人民公安工作的事业思想。周仲英同志一贯认为，没有共产主义世界观和为人民服务的人生观的人，是不可能成为坚强的人民公安干部的。

中央公安干部学校改建为中央人民公安学院后，学校教学以改造思想为主转为以公安业务教学为主。周仲英同志坚持认为，以业务教学为主，不是说马克思主义理论课不重要了，要知道，我国人民公安工作的方针政策是马克思主义立场、观点、方法的具体运用，学员只有在弄通马克思主义理论的基础上，才能领会和自觉地去贯彻执行公安工作的方针、政策。对人民公安学校来讲，可以说马克思主义理论课是公安业务课的基础课。周仲英同志这些教学指导思想的正确性，一再为各期教学实践所证实。

1959 年，周仲英同志被调到国家经委工作。他在中央人民公安学校将近 10 年，培养了近万名公安干部。这批公安干部分配到全国各地，后来大都是公安战线上的中、高级领导，有些是国家省、部级领导。这批公安干部，由于有一定的马克思主义理论水平，有比较明确的为人民服务的思想，政治性强，懂政策，他们在人民公安工作建设上都做出了巨大贡献。现在我们正在大力提高公安干部的素质，就应该像周仲英同志那样，首先要提高公安干部的政治素质和全心全意为人民服务的素质。

我和周仲英同志在中央公安部共同战斗了将近 10 年，他重视马克思主义理论学习，注意理论联系实际地去创造性工作。他宽以待人，严于律己，光明磊落，为坚持党的政策和人民的利益，常常是不计个人利害。周仲英同志虽然离开了我们，但他这些共产党人的高尚品格永远留在我们心中。

（作者曾任公安部部长、最高人民检察院检察长）

罗瑞卿情注公安大学

石　磊

我和罗瑞卿同志第一次接触是公安部成立大会的那一天午饭时。他知道孙振、姚持和我是中央社会部二室来的，当时我们这批共有19人（我是党支部书记），他特意到我们桌前坐下，问长问短，格外亲切。从那时到1959年9月24日欢送他出任中国人民解放军总参谋长，近10年时间，我和他多有接触。

他是1950年1月兼任中央公安干部学校校长的，每逢学员开学、毕业，或来上课，我都能聆听他的谆谆教导。他多年的教导时常在我耳畔激荡，他那高大的形象不时浮现在我的眼前，永远难忘！这里就我的记忆略写几点，以表我对校庆纪念之意，并深切缅怀罗瑞卿同志的教导之情。

要办公安系统的最高学府

罗瑞卿同志在抗战期间，担任抗日军政大学的副校长，他深知办学校的重要性，他担任军委公安部部长后，在考虑组建公安机关、组织队伍时就指出，要把办好公安学校作为建设公安队伍的一个重要组成部分。1949年11月召开的一次公安会议上，就明确地提出了公安学校的训练任务和长期规划，他说：中央公安部的公安学校培养高级骨干，战略区的公安学校培养中级干部，省以下的公安学校或训练班，主要培养初级干部。1950年1月，把华北公安干校（1949年1月，华北保卫干部训练班改建为华北公安干部学校）扩建为中央公安干部学校，他兼任校长；7月9日他给学校题词，明确提出："公安学校全体同志的任务就是要为培养大批坚强的公安干部而努力。"

1952年，我国国民经济恢复时期的任务即将完成，公安机关已普遍建立，镇反运动后对敌斗争形势发生了变化，这对公安干部提出了更高要求。面对新情况，他适时地向中央、国务院请示，将中央公安干部学校扩建为正规的公安大学。当时考虑是业务学校，经周总理和毛主席批准，故命名为中央人民公安学院。之后大区办的公安学校先后扩建为中央人民公安学院的分院。重庆、上海两个分院，主要训练县公安局长，西安分院训练劳改干部，武汉分院训练公安部队干部，行政上由大区（省）领导，业务上受中央人民公安学院指导。

培养目标是公安高级骨干

这是1949年11月公安会议上提出的目标。1950年9月又提出培养“大批的坚强的公安干部”。这里要说一下，1953年中央人民公安学院第一期学员，有一大批当时就是高级骨干，五系（军保）学员大部分是营团职干部，也有三名副师级干部，在当时来说，师级干部已是相当高级的骨干了，地方干部绝大部分是16级以上干部，13级以上的高级骨干也有一大批，还有一名10级的吃小灶的学员。这已符合罗瑞卿同志最初提出的训练高级骨干和坚强的公安干部的要求。

那么，具体的标准是什么呢？他在第一期开学讲课时做了全面的回答：公安干部必须“第一，政治可靠，就是要对党、对革命无比忠心，执行党的政策、遵守国家法律；要热爱祖国，热爱人民，敌我界限分明，斗争坚定。第二，要搞得赢反革命，就是要精通业务，具备必要的知识和技能，学会同反革命斗争的机智与本领。第三，要作风正派，就是要坚持实事求是，调查研究，忠诚老实，谦虚谨慎，联系群众”。以后他来上课或讲话，多次从各个侧面进行这“三个必须”的教育。时间过去半个多世纪了，回头再温习这些教导，仍倍感切中要害。在新的历史时期，这些要点仍有现实意义。

（一）政治可靠，首先就是对党、对革命无比忠心。当时是面对科、处长以上干部，都是共产党员，他们应该也必须做到对党对革命无比忠心。现在面对的是青年学生，绝大多数还不是共产党员，政治可靠，能否首先要求对党对革命无比忠心，我的理解是肯定的。罗瑞卿同志在强调政治的时候深刻指出：“如果说别的工作都要注意政治，公安工作更加要注意。”他还指出：“学校是党校性质的，要按党校的要求办。”我们公安机关的任务是保卫祖国、保卫社会主义建设、保卫人民的根本利益，必须置于党的绝对领导之下。所以，在1984年公安大学改为全日制大学后的第一期入学教育的时候，我在讲革命化中明确要求“要有高度的党的观念”，对党绝对忠诚的政治品质和高尚的职业道德。

（二）对搞得赢反革命，罗瑞卿提出了一个很高的要求。首先就是“精通业务”。鉴于多数干部参加工作不久，或没有做过公安工作，不熟悉公安业务，所以在1953年元旦团拜会上，他号召大家在新的一年中有一个学习业务、钻研业务的高潮，把各门业务提高到一个新的水平。他还多次要求大家，干哪一行就精通哪一行，钻到里面去，成为内行，而不是外行。他指示“对学员要严格要求，严格要求才是真正的爱护”“对青年学生要实行军事化管理”。在西仓库的土院子里，他曾亲自检阅学生的操练。他多次向我们敲响警钟：“敌人是越打越精，越打越狡猾了，我们必须研究敌情，开展业务建设。”

（三）作风正派，看起来很简单，就是坚持实事求是、调查研究、忠诚老实、谦虚谨慎、联系群众，实际上这是关系到人民公安的本质问题，不是说一说就能做到的。1949年新中国成立前夕，从革命大学挑选了一批刚参加工作的学员，他们不了解公安工作，不愿当警察，罗瑞卿同志给他们讲课时说：“你们说国民党旧警察是欺压人民的黑狗子、特务，那是说得对的；但人民警察根本不同，人民公安工作是对资产阶级的催命符，革命的警卫者，是保护人民的，如果人民需要，我愿意当一辈子人民警察。”以后他来学校讲课，多次进行反对侵犯人民利益的教育，反对脱离群众的国民党旧警察作风，多次批评白吃、白拿、白看（戏）的旧警察作风。我还记得他在进行坚持实事求是、调查研究、忠诚老实的教育中，一再宣传毛主席关于对几个违法乱纪的公安干部必须严肃处理的批示，和“不能让毫无常识的人当公安局长”的批示。强调“必须反对违法乱纪、乱捕、乱押、刑讯逼供、夸大化、造假案破坏政策的错误”。他还遵照毛主席的指示，让学员读《聊斋志异》中的一些案例，看《十五贯》的戏，进行教育，反复说明《十五贯》的教育意义：突出说明了主观臆断、刑讯逼供的危害性，突出说明了实事求是、调查研究的重要性。他要求学员自觉地检查违法乱纪的错误，认真吸取教训。

关于谦虚谨慎、联系群众的作风，也是罗瑞卿每讲必说的问题。罗瑞卿同志说的联系群众的作风，不是人们常说的“作风问题，小事一桩”，而是我们人民公安工作的一个根本的重大原则问题。他反复向干部、学员进行为人民服务的教育。他说：为人民服务是我们的宗旨，任何时候也不能抛弃这个宗旨。我还记得，有一次他来看望学员后，给学员讲话，批评少数公安干警追求享受、革命意志衰退，并举了两个例子。一个是有一个干部，调整工资时没有调上，就大闹情绪，他严肃批评说："这样的人不是为人民服务，而是为人民币服务。"另一个是有一个民警，买了一条高级毛料裤子，既怕受潮又怕虫咬，终日放心不下，来回摆弄，他批评说："这是把为人民服务的精力花到为裤子服务上去了，做了裤子的奴隶。"他讲了两个例子后，语重心长地教育大家，说人民是主人，我们是公仆，为人民服务是我们的宗旨，这也是我们和国民党旧警察的根本区别。"要摆脱低级趣味，做一个全心全意为人民服务的勤务员，勤勤恳恳地为人民服务，要相信群众、依靠群众、联系群众。"

写到这里，我记起两件事。一件事是新中国成立初期，在公安部看电影《白毛女》，我正坐在他的后排，看到他几次擦眼泪。另一件事是参加十三陵水库劳动，罗部长全家都去了，有人问他，他说："我是以数量胜质量。"他的意思是全家可以多挖一点土，但更深的意义在于他让孩子们受到教育，要和劳动人民保持深厚的感情。

从战略高度挑选教员，建设师资队伍

毛泽东同志在《中国革命战争战略问题》一文中说："一个军事学校最重要的问题是选择校长教员和规定教育方针。"罗瑞卿同志就是这样办的。1950 年 1 月，他在兼任中央公安干部学校校长时，就选择第二野战军八纵副政治委员周仲英同志任副校长，当他的助手，主持学校的日常工作。当时没有专职教员，就聘请有名教员授课，政治课先后聘请马列主义学院的杨献珍、范若愚、孙定国，中组部副部长安子文，团中央书记蒋南翔，还请徐老（特立）讲党课，名作家肖也牧讲知识分子改造。至于公安业务课，由他本人和副部长陈龙，大区公安部的负责人许建国、李士英、王再天，北京市公安局的负责人谭政文、冯基平，公安部的局长和有关业务局的负责人承担，我能记住的有刘复之、李广祥、卓雄、席国光、王仲芳、姚伦、孙振、苏宇涵、石广平、潘其哲、姚持等同志。与此同时，从三个方面挑选培养专职教员：①从全国各省（市）选调了一批经验丰富、熟悉业务、文化理论水平较高，能胜任教学工作的厅局、处级骨干来校工作，挑到谁就调谁。②经中央批准，从地方党政机关调了近百名县、区干部到中央公校学习。记得是单独编了一个队，因为都是党员，所以成立总支，我兼总支书记，住在西仓库（傅作义的一个仓库，即现在京安印刷厂所在地），作为第三期的八队，从学员中挑了一个当队长，尹兴庆当指导员。训练后凡适合又愿意做学校工作的，留了一批，公安部也留了一些，不适合或不愿留下的都回了原单位。③从毕业学员中挑选，第二期留下49人。除八队外，青年学生中也留了不少，刘思敬、石毓成就是第三期留下的。1951年7月9日结业的第四期留得最多，共78人，徐迈、熊则坤就是其中的两人。所有留校的学员，主要是作为教员进行培养，以老带新，边学边教，送中央党校、人民大学和其他院校进修，到各级公安部门参加实际工作，深入对敌斗争实际，到农村、工矿企业调查研究，聘请苏联专家当顾问，帮助培养。1954年，罗瑞卿外出视察，发现有些学校办得不好，在全国公安会议上提出了尖锐的批评，他强调指出："在组织调整中加强公安学校的骨干是一个重要方面，要下很大的决心，派最好的干部去办学校，要宣传学校工作的光荣，批评对学校工作认识上的各种不正确的观点。要给学校各种必要的物质保证，要加强对学校工作的检查，适时地表扬工作中的成绩和克服缺点，把几个重要的学校切实认真办好。"他说："只要我们的政治工作把干部工作做好，特别是把教育干部的工作做好，省市以上的公安政治机关抓紧把公安学校办好，那我们就完成了一项极其重大的任务，就给公安工作提供了极大的政治保证和组织保证。"

从此，公安学院的工作得到了进一步的加强，在不长的时间里，建设起一支基本能适应需要的教学队伍。林彪、"四人帮"在迫害摧残罗瑞卿的同时，把在他关怀下挑选培养起来的一大批教员也罗织种种莫须有的罪名进行残酷迫害。可喜的是粉碎"四人帮"以后，1978年重新开学，选择、培养了一支门类齐全、强有力的、数量可观的师资队伍，更可喜的是有一批优秀教师愿意一生从事公安教育事业。

总结经验，创建公安业务教材

公安学校不同于任何别的学校，没有现成的教材，也没有别的材料可供参考。建校初期，是有关领导人讲点当前的情况和工作任务，大家记记笔记，回去讨论。1951年，第四期除从军事院校参加抗美援朝的大中学生中选调500人外，还抽调了一批在职民警干部，要进行专业训练，公安专业教材建设开始提上日程。

经党组决定，从公安部、大区公安部、上海市抽调热爱民警工作的，有丰富经验和写作能力的业务骨干20多人，集中到白云观编写（实际上是创建）教材，到年底编写出17种，其中公安部治安局局长卓雄亲自主编并讲授的《民警治安业务总论》就是我校建校以后第一本业务教材。1952年又修改完成侦察、户籍、刑警、狱政、劳改等教材初稿。1953年要扩建为中央人民公安学院，这些教材根本不能满足教学需要，1953年1月14日，罗瑞卿同志经党组决定，由副部长陈龙主持成立有公安部各业务局参加的教学委员会议，决定由副院长周仲英任主任委员，公安部一局、二局局长凌云、雷荣天任副主任委员，委员有李广祥、慕丰韵、孙振、姚伦、徐守身、夏印、罗之光、胡维鲁、任源、王鉴，主要任务是编写公安业务教材和授课。在教学委会的领导下，以公安部业务局为主，学校派教员参加，经过半年的努力共编出：敌情、农村治安、调查研究、户籍管理、刑事侦察、劳改工作等八门课程的教材和经济保卫、侦察、治安等43门课的教学大纲。这些教材总结了我国公安保卫工作的基本经验，阐明了公安工作的基本路线、方针、政策和对敌斗争策略、方法以及政治工作的基本原理等。这些教材内容丰富、条理清楚，基本上保证了公安学院开学后业务教材的需要，也为今后编写业务教材打下了基础。

这里要说一下，在这次编写教材中，罗瑞卿同志要编写一本有关公安政策的教材，由他亲自给公安学院上政策课。后来，虽然他去上海参加中华人民共和国第一部宪法的起草工作，不能到公安学院上课，但还是对这本教材进行了审查。他给徐子荣同志写信说："学校的政策课是值得搞一下的，我只看了两三课，内容与文字我看花的工夫不够，请你讲的时候能够抽点时间，切实加一加工，解决了这个问题，也替全国公安院校做了一件大事。"

1956年第六次公安会议决定轮训各级专业干部和县公安局长，中央指示按党校办，讲中级党校课程，原来的教材又不完全适用。以罗瑞卿同志为书记的党组又决定成立由杨奇清副部长牵头的公安业务教材编审委员会，和由王昭副部长牵头的政治理论教材编审委员会。从各分院和省（市）公安学校抽调的有关教员，集中到中央人民公安学院，在原有教材的基础上，全力以赴，经过半年时间，又编出适合各级公安院校使用的哲学、政治经济学、中共党史三门政治课教材和一批系统的公安业务教材。每门教材写出提纲后，罗瑞卿都亲自过目，使这些教材更加紧密地结合现实斗争的特点，其理论性、系统性均有提高。这次编写的教材，成为公安学院及全国公安院校教学基本建设的丰硕成果。遗憾的是，“文革”中把这些年来多少人辛勤劳动积累起来的“财富”，统统作为“黑教材”给毁掉了。但罗瑞卿同志留给后人的精神是难以毁掉的。从 1978 年开始，经过多年、几代人的努力，现在已建成门类齐全、成套出版的教材体系。

根据任务的需要多层次办学

罗瑞卿同志任公安学院院长期间，在办好普通班的同时，实行多层次办学，举办各类干部培训班。

青年学生初级班：招收初中毕业生和部分高中生，学制二年。

西藏班：第一期学员 200 多人，学制三年至五年。当时，西藏自治区的领导人张经武、张国华每到北京就要看望他们，给他们讲话。

新疆班（民族一班）：开学时，全国政协副主席包尔汉、罗部长参加，毕业时陈毅副总理来参加毕业典礼并作重要讲话。记得中午是在小灶吃的饭，炊事员梁文禄同志受到陈老总表扬：“饭做得好！我当外长多年，还没有吃过这么香的饭！”

老干部文化班：现在的青年公寓，是专门给文化班建的房，目的是要把初中以下的老保卫处、科长采取速成的办法提高到初中水平，学制三年。刘少奇同志的卫士长李树槐、周总理的卫士长成元功就是文化班学员。

人民防空班：共办了两期。印象中好像还选派两人到苏联学习，原公安部副部长蒋先进就是人防班的学员。

教师研究班：主要学习县公安局长的业务，研究县公安局长的轮训任务。

化验班：主要是为了加强中央和省市的首长安全保卫工作。

警卫班：单独设一个班，单独上课，主管警卫工作的公安部副部长汪东兴亲自主管，还亲自讲课。

留学生班：根据中央指示，为越南人民军培训了 10 名保卫干部，我还为他们讲了中国农业合作化——由变工队互助组到初级社、高级社的经验。

各种班都是单独编制，有单独教学计划，除初级班、老干部文化班、西藏班有专职教员，新疆班有专职翻译外，其他班行政上完全由学院领导，按课程内容聘请教员讲授。

坚持理论联系实际学以致用

罗瑞卿同志多次指示“学习理论要和实际结合”“不要搞教条主义”“要用整风的精神学习”。不仅要求教员讲授、辅导要联系实际，还要求学员学习理论要联系实际。“在教学中也要走群众路线，互教互学。”有一次（好像是1958年）我在北京医院住院，听说罗部长也在三楼住院，我去看他，他说：“做个小手术。”接着，就问学员情况。我说：“学习的热情很高。想多学点业务，有‘贩货’‘取经’思想，想学些解决问题的现成答案。”他马上问：“你们领导人是怎么看的?”并严肃地指出：“这个想法不对头！你们要反复地给大家讲清楚。”又给我说了一遍他一贯的思想：马列主义、毛泽东思想不是包治百病的现成的灵丹妙药。它给我们提供的是解决问题的立场、观点和方法。毛主席说：学习理论要精通它、应用它，精通的目的全在应用。我们办学校讲话、上课，要引导学员学会以马列主义、毛泽东思想和党的路线、方针和政策为指导，具体分析解决具体问题。总结经验，才能真正提高思想水平和领导能力。我说：“你好好休息，我一定向院领导汇报部长的指示”（当时我是院党委常委、教研室主任）。

罗瑞卿同志很注意把学习和总结经验（包括正反两方面的经验）结合起来，他强调的坚持理论联系实际，成为学校长期坚持的一条基本原则。半个多世纪过去了，各个时期的教学实践证明，理论联系实际是提高教学水平的一条重要经验，也是学校的光荣传统。

以上所写的内容是20世纪50年代建校的几个方面的片段回忆。校庆之际，我们这些见证人有必要把能记起的一些事情向后代交代一下。我相信并预祝，在公安部党委领导下，在现有基础上，借鉴国内外办学经验，发扬优良传统，充分利用有利条件，抓住机遇，师生团结一致，艰苦奋斗，与时俱进，开拓进取，在不久的将来，一定能建设成有中国公安特色的、国内领先的、世界一流的公安大学，为保卫小康社会、保卫国家的安全、保卫人民的幸福生活做出更大的贡献。

（作者曾任中央人民公安学院党委书记、我校党委书记）

亲切的关怀，巨大的鼓舞

——记习仲勋同志对公安大学发展建设的关心与支持

邓　杰

习仲勋同志是伟大的共产主义战士，杰出的无产阶级革命家，我党、我军卓越的政治工作领导人，他为中国人民的解放事业和新中国的诞生，为社会主义革命和建设事业，为改革开放和建设有中国特色社会主义事业，顽强奋斗，建立了不可磨灭的历史功勋。习仲勋同志“关心青年，尊重知识，尊重人才”，非常关心公安政法及教育训练工作，曾任国务院副总理兼秘书长，第五届全国人民代表大会常务委员会副委员长兼法制委员会主任，中央政治局委员、书记处书记，第七届全国人民代表大会常务委员会副委员长兼内务司法委员会主任委员。现存公安大学综合档案室的几份历史档案生动地记述了习仲勋与公安政法教育的四次亲密接触，本文就为大家讲述这些档案背后的故事。

1953年对学校工作计划作出批示

20世纪50年代，新中国成立不久，百废待兴，国家急需训练大批政法工作干部满足国家建设、加强人民民主政权工作的需要。1951年7月20日，经政务院第94次会议研究决定筹建中央政法干部学校。政法干校建校初期，可以说是“一穷二白”，每期教学计划必须由教务长毛铎组织学校有关人员提出，送彭真校长修改审定。彭真对学校计划逐字逐句进行审阅，发现问题马上修改，修改完毕后于1953年11月25日致信习仲勋、钱俊瑞同志：“中央政法干部学校1954年度训练工作计划及训练经费概算，我们同意。现各送上一份，请予审核。”习仲勋同志于次日批示：“同意这一计划和预算。关于政法学院和大学法律系的问题，希钱先将情况向彭真同志汇报一下，再决定开会讨论，政委何人出席，亦请彭确定。”同日，钱俊瑞同志批示：“我同意这个计划。建议最近能对政法干部学校、政法学院和大学法律系的问题作一次系统的讨论。”根据彭真校长和习仲勋、钱俊瑞同志的批示精神，学校认真抓好1954年各项工作的落实，顺利完成了二部二期的培训工作。

1956年协调学校领导关系和领导人调整

1953年9月后，习仲勋同志先后担任中央人民政府政务院秘书长、国务院秘书长，协助周恩来总理工作。1956年1月10日，公安部部长、中央政治法律委员会副主任罗瑞卿向周恩来总理提出，中央政法干校和东北、西北两分校担负轮训政法部门县级以上在职干部，为了满足轮训工作需要，拟增设两个干校，以加强民政、监察与司法部门在职干部理论业务学习，并拟于1957年起，将民政与监察部门在职干部的轮训工作交由各部门自行筹办，政法干校专门负担司法部门的干部轮训工作。同时，对政法干校领导关系和领导人调整问题提出了建议。陈毅副总理于1956年1月21日批示：“提常务会议。”1956年2月10日，国务院常务会议审议了相关问题。1956年4月，习仲勋同志作为国务院秘书长代国务院对相关问题进行了回函：“罗瑞卿主任：1月10日你给总理的关于调整政法干校和各政法学院组织与领导关系的报告，已经总理和陈云、邓小平副总理审阅同意。为了满足轮训工作的要求，可以在中南、西南再增设两所干校。自1957年起，民政与监察部门在职干部的轮训工作由各部门自行筹办，政法干校专门负担司法部门的干部轮训工作……彭真同志不再兼任中央政法干校校长，谢觉哉、张奚若、史良、陶希晋也不再兼任副校长。”至此，中央政法干校的组织关系由高教部转到了司法部，学校组织结构体系进一步明晰。

1959年接见学校西藏班学员

为培养西藏自治区公安干部，经党中央批准，中央人民公安学院成立了西藏少数民族班，简称西藏班。1957年10月6日，中央人民公安学院举行西藏班第一期青年班开学典礼。这批学员出身贫苦，有的学员就是农奴，绝大部分是既不懂汉文也不完全懂藏文的“双文盲”，培训的目标是“具有初中文化程度，有一定政治觉悟、公安业务常识，能做实际工作和翻译工作的公安干部”。西藏班第一期开学后，原计划学习时间为5年，后来因为1959年发生了西藏叛乱，经学校报请公安部批准，重新调整了教学计划，缩短了教学时间。学习中，西藏学员多次请求和罗瑞卿部长合影并见毛泽东主席。学员们的请求得到了满足，1959年5月7日，习仲勋同志与毛泽东、朱德、刘少奇、周恩来、邓小平、彭真、罗瑞卿等党和国家领导人接见了西藏班全体学员。当月第一批学员即提前返藏工作。学校西藏班成立半个多世纪以来，坚持以培养高素质的“高原卫士”为目标，艰苦创业、辛勤耕耘，为西藏培养了数千名政法战线的优秀人才，为反对民族分裂、维护西藏社会稳定、保障西藏的经济社会发展做出了重要贡献。西藏班被誉为“高原卫士的摇篮”。

1984年出席学校命名暨开学典礼

为加强公安干警的培养、教育和训练，1984年1月，国务院批准将中央人民公安学院改建为中国人民公安大学，将原国际政治学院扩建并更名为中国人民警官大学。邓小平同志和彭真同志分别为中国人民公安大学、中国人民警官大学亲笔题写校名。这些充分体现了党中央、国务院和中央领导同志对公安工作和公安队伍建设的关心和重视。为纪念这公安教育的大喜事，公安部决定于1984年10月12日举行中国人民公安大学、中国人民警官大学成立暨开学典礼。中央政法委员会副书记、公安部部长刘复之主持典礼，中央政治局委员、中央书记处书记习仲勋同志代表党中央和国务院到会并发表重要讲话。习仲勋同志在讲话中指出，必须采取有效措施，从正规化的教育、培训入手，加强公安队伍的革命化、现代化、正规化和军事化建设，切实提高公安队伍的政治素质和业务素质。习仲勋要求，第一，要加强公安队伍的教育训练，建立公安系统的教育体系。要加快实现公安人员教育训练的正规化，积极地有计划地发展公安系统的高等和中等专业教育，建立其自己的教育体系。要建立完整的教育制度，通过多种渠道、多种形式，加速培养和造就人才。各级党政机关要大力支持公安机关办好公安、警察院校，在师资、经费和物力等方面帮助解决一些迫切的实际问题。要贯彻从严治警的方针，实行军事化管理，加强政治思想工作，严格要求、严格训练、严格管理。第二，要以改革和创新精神办好学校。要实现把人民公安大学、人民警官大学办成第一流的大学这一奋斗目标，当前最迫切的问题，就是走改革和创新之路。只有坚持改革和创新，才能充分调动教职员和学生的社会主义积极性、主动性和创造性，提高教学质量和科研水平，达到快出人才、多出人才、出好人才的目的。第三，希望同学们刻苦学习，使自己成为新时期合格的公安人员。一是政治思想要合格。要全心全意为人民服务，廉洁奉公，不占群众的便宜，不欺压群众，不以权谋私，坚决保护人民的利益。要牢固树立献身人民公安保卫事业的思想，养成不怕任何艰难困苦的顽强斗志和崇高品质。要注重调查研究，一切从实际出发，养成严格遵纪守法、服从命令的良好作风。二是专业上要合格。通过系统学习，要懂得政策和法律，掌握扎实的基础理论、基础知识和基本技能，具有独立分析问题和解决问题的能力。三是军事素质要合格。要练就一副强健的体魄，比较熟练地掌握射击、驾驶、擒拿等技能，战斗中英勇顽强，能压倒和降伏凶残的犯罪分子。开学典礼结束后，两校师生深受鼓舞，以极大的热情投入到学校的各项工作中。

从习仲勋同志四次与公安政法教育的亲密接触可以看出他一贯严谨认真的工作作风，以及他对加强和发展公安教育事业寄托的殷切希望，特别是他关于公安教育提出的“加强公安队伍的教育训练，建立公安系统的教育体系”，“要以改革和创新精神办好学校”和对公安大学的学子提出的几点要求，内涵丰富、影响深远，对我们当前乃至今后的公安政法教育工作都有积极的指导作用，对加快公安政法教育的改革和发展具有重要的现实意义和历史意义，是公安政法教育的一笔宝贵财富。

（作者系我校办公室综合档案室主任）

热地同志对母校一往情深

邓　杰

第十届全国人大常委会副委员长热地同志是我校校友，毕业于中央政法干部学校西藏班青年班第二期。毕业五十多年来从一名普通侦查员到西藏自治区领导，再到国家领导人，热地同志一直心怀母校，关心着母校的建设和发展。

1938年，热地出生在藏北一个贫苦牧民家庭，他自小乞讨要饭，到处流浪，给部落头人、牧主、活佛当过用人，在寺庙当过小札巴，经常被活佛、头人打骂欺负，什么罪都受过。有一次，热地被部落头人家的狗咬了，腿上一直流血，不久化了脓，不能走路，躺了好几个月，差点丢了性命。在青黄不接的日子里，他的弟弟活活地饿死在母亲的怀抱里。

1951年西藏和平解放，翻了身的热地高兴地为解放军带路、送信。1959年，热地的家乡进行了平叛，实行民主改革，解放军工作组动员贫苦农牧民子女到我校前身中央政法干校学习，热地第一个报了名，成为我校西藏班学员。那是他第一次离开家乡。还有更多的第一次：第一次坐汽车到了藏北重镇那曲；第一次坐火车；第一次看见了黄河；第一次到了北京，第一次见到了伟大领袖毛主席。

热地学习刻苦，严格要求自己，被选为班长，并先后加入了中国共产主义青年团和中国共产党。在西藏班四年的学习，成为他人生起步的重要时期。毕业后，回到家乡，热地同志成为一名出色的侦查员，不论抓捕匪徒还是服务群众，他总是第一个冲在前面。热地同志连续三年被评为那曲地区先进工作者，1972年担任那曲地委书记，1975年走上了自治区领导岗位，先后担任西藏自治区党委书记（当时设第一书记）、副书记、常务副书记、自治区人大常委会主任。2003年3月，在第十届全国人大一次会议上当选第十届全国人大常委会副委员长。他还是中共第十一届中央候补委员，十二届、十三届、十四届、十五届、十六届中央委员。

热地同志对公安大学有着深厚感情，有着永远忘不了的母校情结。他经常返回母校，看望当年的老师，看望西藏班学员。他鼓励西藏学员珍惜难得的机遇，珍惜美好时光，严格要求、努力学习，不辜负党中央、全国人民和家乡人民的殷切期望，报效祖国、建设家乡。

热地同志十分关心母校的发展，1998 年 10 月 17 日，热地同志与时任公安部部长贾春旺、副部长田期玉专题研究公安大学西藏部的办学方针、任务及有关问题。

2000 年 12 月 11 日，热地同志为学校教师、学生作了关于西藏经济建设和反分裂斗争的专题报告。专题报告一开始，热地满怀深情地说："公安大学是我的母校，四十多年前我曾在这里学习，毕业后从事公安工作，后来专门主管过政法工作。我对母校很有感情，对公安工作很有感情，对政法队伍有特殊的偏爱。"时任校党委书记、校长孙中国同志向热地颁发了名誉教授聘书。

1999 年 10 月、2001 年 3 月，热地同志还两次为西藏班题词。

2003 年 10 月 16 日、2008 年 10 月 18 日，热地同志两次到校庆祝母校 55 周年华诞和 60 周年华诞。

2007 年 11 月 15 日，公安大学举行西藏部成立 50 周年庆典。热地同志参加庆祝大会并指出："西藏政法部门的大部分历任藏族领导同志都是由公安大学培养出来的，其中不少同志还先后走上了自治区党委、人大、政府、政协的领导岗位。公安大学西藏部培养的这一大批藏族干部，在西藏平息叛乱、民族改革、社会主义建设以及改革开放等各个历史时期发挥了不可替代的作用，做出了重要的贡献。"

2017 年 9 月 28 日，郭声琨同志、热地同志亲自参加庆祝公安大学西藏部成立 60 周年座谈会并发表了重要讲话。热地同志在讲话中高度评价了西藏部及其培养的民族干部为维护西藏稳定、促进西藏发展做出的重大贡献。他指出："公安大学西藏部成立 60 年来的实践证明，党中央当初做出在北京中央人民公安学院开办西藏班、培养西藏公安政法系统骨干力量的决定，确实是一项高瞻远瞩的战略决策，完全符合西藏革命和建设实际，是完全英明正确的。"

向热地同志为党和国家，为西藏各族群众做出的卓越贡献致敬！感谢热地同志一直以来对母校的关心！

（作者系我校办公室综合档案室主任）

我国公安高等教育的开创者之一凌云同志

邓 杰

凌云同志高度重视公安政法教育事业，20 世纪 50 年代，新中国刚刚成立，毛泽东主席作出了在两年内将全国公安局长轮训一遍的指示。公安部党委紧跟国家发展需要，制定了训练公安干部“两年计划、五年指标”的规划，将我校前身中央公安干部学校改建为中央人民公安学院，使之成为正规的以中级公安干部业务培训为主的公安专业学院。当时，学校刚刚成立不久，办学基础较差，特别是急缺教员和教材。1953 年 1 月 14 日，公安部成立“教学委员会”，公安学院副院长周仲英任主任委员，凌云同志有长期公安保卫工作实际经验，担任教学委员会副主任委员和公安教材编写委员会副主任，亲自参与公安学院教学和教材编写工作。教材编写完毕后，凌云同志多次担任教官为学员上课，帮助学校解决了迫在眉睫的教员和教材问题，培养的众多学员在肃清反革命的斗争中，在巩固人民民主专政、保卫社会主义经济建设、保护人民生命财产安全等方面做出了应有的贡献。

公安部政法专科学校创建于 1978 年，1979 年改建为国际政治学院，1984 年更名为中国人民警官大学，1998 年与中国人民公安大学合并，组成新的中国人民公安大学。

1978 年 6 月，经邓小平、李先念、余秋里、纪登奎等中央领导同志批准，公安部成立了政法专科学校，凌云同志担任学校首任校长。政法专科学校是公安系统第一所普通高等院校，办学基础较差，可以说是没有经验、没有校舍、没有教员、没有教材、没有学生。考虑到国家刚刚从“文革”中走出来，正式开始改革开放，迫切需要一大批侦察干部和公安技术干部，凌云同志临时借用中央政法干部学校的校舍（现在的公安大学木樨地校区一栋平房）办学，教学设备因陋就简，千方百计地从全国各地调教师，并从兄弟院校聘请兼职教师，从筹办到招收第一批学生仅用了三个多月的时间。

办学过程中，考虑到公安工作实际需要，公安部向国务院上报了《改变学校学制和学校名称的请示报告》。经国务院批准，1979 年 4 月，公安部、教育部发布通知：政法专科学校改名为国际政治学院，学制四年，招生同重点高等院校一样第一批录取。公安系统有了第一所自己的本科院校，凌云同志继续兼任国际政治学院院长。

当时，学校办学遇到方方面面的很多困难，凌云同志鼓励大家说："我们摆困难，但不能被困难吓倒。摆困难可以摆一大堆，但对待困难，我们要一个个地克服、一个个地解决，我们办学到 21 世纪去。"同时，凌云同志提出："学校要紧紧抓住教学工作，要形成以教学为中心，要采取措施把教师队伍的培养、发挥老教师的作用等工作做好。"在凌云同志的带领下，学校各项工作很快走上了正轨，政法专科学校 1978 级学生也成为公安高等教育的第一批本科生，于 1982 年顺利毕业。1983 年 7 月后，凌云同志调任安全部党委书记、部长。

凌云同志在近八十年的革命生涯中，政治坚定、对党忠诚。作为新中国公安高等教育的开创者之一，为政法专科学校和国际政治学院的创建发展做出的突出贡献，公安大学全体师生将永志不忘！

（作者系我校办公室综合档案室主任）

冷楚在中央政法干校

叶　云

1955年夏天，冷楚同志从福建省委常委兼组织部长的位置上调中央政法干部学校任教务长，后担任中央政法干部学校副校长。他在学校工作了七年，1962年6月17日因病不幸去世。

冷楚同志在校工作期间，不顾自己病弱的身体，坚守岗位、严于律己、立党为公，为党的事业鞠躬尽瘁、死而后已的革命精神，至今仍深刻地留在我们的记忆中。

风动一世在品行

组织上决定将冷楚同志调来干校，理应以欢迎大会的形式，同全体师生员工见见面，以利于他开展工作，但他拒绝了这种传统做法。他一到校，先是个别听取毛铎副校长的情况介绍，之后又单独深入各个科室和教学班具体了解情况，及时地作一些指示。

那时，我在政治经济学教研室任副主任，也听说了冷楚同志来学校工作的消息，但一直没有见面。一天下午，有个身穿工人装的老人进了我的办公室，我还以为是"工友"来检修电线的，就没在意。来人开口问："哪位是叶云同志?""我就是。"当我起身接待时，他自我介绍说："我叫冷楚，调来干校同你们共事来了，今天特来看看你们。"

我忙把教研室的同志们叫到一起，将其一一介绍给冷楚同志。然后，向冷楚同志汇报了政治经济学教研室的工作情况。冷楚同志听得很认真，还在随身带的笔记本上做一些记录。当我说到自己没有受过高等教育，对政治经济学尚未入门时，冷楚同志说："我们党是讲究真才实学的，并不讲究'文凭'或什么'招牌'；不熟悉的科学，只要肯下苦功夫，就可以学到手。"当我谈到教研室里有几个上过大学的知识分子时，冷楚同志说："在政治上要多帮助他们，发挥他们的聪明才智，团结他们一同搞好教研室工作。"

当我谈到目前教研室学的和教的都是苏联社会主义政治经济学教科书时，冷楚同志说："苏联教科书是宣扬社会主义的，这是我们的方向，不可不学；但是，在干校里搞政治经济学教学，应逐步体现中国的特点和政法工作的特点，以提高教学效果。"初次见面，短短的一个小时，冷楚同志的指示一针见血，很有针对性。

冷楚同志常说："共产党员不仅要有自觉革命的品质，还要有遵守组织纪律的品质。"他是这样说的，也是这样做的。冷楚同志是一位久经锻炼的中国共产党高级领导干部，曾担任过中共北平市委组织部部长；抗日战争时期担任过晋冀豫省委党校校长、太行区党委书记等职；新中国成立前夕，又进军福建，担任福建省委常委兼组织部部长等要职。后来，组织上考虑到他身体欠佳而调来中央政法干部学校工作。作为一个副省级干部，他不嫌干校这个"庙小"和"位窄"，愉快地接受了组织对他的分配。

冷楚同志在处理自己住房的问题上，真正做到了厚人薄己。他来学校时，就是行政七级干部，是我校干部中级别最高的。当时干部宿舍分配，大体有四个档次：校领导级住城内的四合院，处长级住南甲楼的五间套（约50平方米），科长级住南乙楼和闹市口的三间套或两大间，一般职工住学校周围的简易平房。由于学校工作人员的不断增加，住房较为紧张。当时担任我校行政处长的张国安同志，打算给冷楚同志找个四合院。冷楚同志说："给我两三间简易平房，能安下家来就行了。"后来，冷楚同志的五口之家就被安置在东院礼堂背后的三间简易平房（40多平方米），其中一间为伙房兼食堂；一间给妻儿住；一间为冷楚同志本人的卧室兼书房和会客室，屋内放着两三张木椅，别无其他任何摆设。在这个朴实的房间里，不知接待了多少教职员工。凡到过冷楚宿舍的同志，无不为之感动。有的说："一个部长级干部所住的宿舍，还不如科长级宿舍，只有老革命、真共产党才能做到这一点。"

冷楚同志同我们一起工作和生活了整整七年。在这几年中，他一直穿着粗布制成的工人服装，冬去春来，夏去秋来，季节在不断变换，但他仅仅内衣方面有所增减。他常说："我姓冷，但我的心是热的。"由于他穿着上像个普通工人，作风上又平易近人，从不摆官架子，教职员工有事找他，他总是热情接待，鼓励人家说话，从不随便插话来打断别人的言路，然后商量解决办法，对一些同志提出的合理要求，事后还查问落实情况，因此，崇敬他的人也就越来越多。至于他为什么长期穿工人装，他从未直接做过解释。

1957 年，他在一次干部会议上的发言中，举了赵树理穿着的例子。他说："赵树理原来是一个农村教师，喜爱民间曲艺，早有提倡通俗文艺、以文艺为农民服务的愿望。后来得到抗日民主政府的支持和扶植，他在文艺方面有所成就。有一段时间，他为了创作一部富有农民感情的小说，下乡进行农村调查，因为他身着长袍、头戴礼帽、脚穿皮鞋，这在农民看来，不是一家人，所以，调查效果甚微。这对赵树理的思想很有触动，他下了决心，更换了一身农民打扮的服装，深入到农民中再去调查。他与农民同吃、同住、同劳动，利用空闲时间同演曲艺，并和农民同抽一根旱烟管，这样几个月、一年、两年坚持下去，赵树理成了农民的贴心人，从农民中汲取了丰富的营养，创作了《小二黑结婚》《李有才板话》等反映农村生活的优秀小说。这个飞跃，反映了由小资产阶级的世界观向无产阶级世界观的转变。"这个例子使我联想到，冷楚同志长期穿工人服装，是他真心实意甘当人民公仆的一种表现。

严格治校

冷楚同志在以党治校问题上，有着独到的见解。来校半年以后，他构思出了一套以党治校的要领。这些要领，在他于 1956 年 1 月《检查总结一九五五年学校工作结束后干部党员大会上的讲话》中有充分反映。

第一，冷楚同志强调党对学校的绝对领导。他说："谁来领导、组织、监督、检查和保证我们学校的工作呢？毫无疑问，是由我们党来领导这个工作。"第二，冷楚同志强调提高党员干部的素质，是实现以党治校的基本条件。他说，打铁要靠自身硬。作为我校的党员干部，应有高度的原则性和组织性。第三，冷楚同志强调学习和掌握马列主义的原理，是提高党员干部素质的重要途径。第四，冷楚同志提出了"学校是思想加工厂"的口号，强调了思想改造工作的极端重要，严肃地批判了"自来红""自流论""一次论""特殊论"等各种错误观点。他说："思想改造工作是个长期的任务。所谓改造，包含着质变的含义，任何一个同志思想上的质变，都表现他马列主义革命者的成熟程度的发展。"又说："思想改造工作对我校学员和干部都是适用的。""在校工作的党员干部大多数和学员的大多数，都可以称作知识分子，知识分子存在个人突出的特点条件，因此，越是知识分子，便越是要提高自觉性，加强组织性，绝不能放松思想改造工作。"第五，冷楚同志针对当时干校以党组为领导核心的校长负责，处、室以党支部为核心的处长、主任负责制的情况，强调了党的领导核心必须保质保量。他说："从全校的整个工作情况来看，树立党的领导核心的问题，也就是党群关系问题。党要领导和组织所有参加学校工作的非党群众同党一起来搞好工作，便必须从政治上、思想上、组织上把群众带动和发动起来，党和群众建立起血肉不可分的联系，使他们的步骤，适应党的工作的要求，同党的步调统一，共同完成各方面所担负的工作。"第六，冷楚同志强调进行批评和自我批评是以党治校的基本武器。他严肃批评了个别同志把批评说成"开刀"的错误说法，他说："如果谁把批评当作'开刀'，说明他还不认识党员的权利和义务，因此，他是不够格的共产党员。"

在强有力的思想指引下，全校空前团结，办校热情空前高涨，广大党员干部在各自的岗位上，夜以继日地钻研业务，以提高教学质量和工作质量。在1956年至1957年这段时间里，干校工作搞得有声有色，不仅较好地完成了普通班（第四期、第五期各1200名学员）和高级班（120人二年制）、各种师资班的训练任务，而且还承揽了中央政法干校的东北分校和西北分校以及中南政法干校的讲课任务。在完成各种训练任务的同时，还创造性地编写和出版了在全国尚无先例的《刑法》《刑事诉讼法》和《民法原理》《民事诉讼法》的教材，以及编写了马列主义哲学、政治经济学、法学等各种通俗讲义，供全国兄弟院校试用，并给兄弟院校直接输送了近200名办学骨干。当时，中央政法干校所发挥的能量，在全国政法教学战线上，充分显示了"工作母机"的作用。

最后的遗言

1956年，中央政法干校在人事机构上有重大变动。彭真同志辞去了兼职校长一职，党组领导改为党委领导，冷楚同志由教务长提升为第一副校长和党委第二书记，从此，他肩负的工作担子加重了。他不顾自己的病体，经常超负荷工作。1958年终因心脏病大发作，一时上不了班，但他不肯进医院，坚持在家里抗病，他说："抗病如同打仗，两军相遇勇者胜。"他抗病的方法有三条：一是不吃食盐，二是按时作息，三是按时做气功锻炼。就这样日复一日、年复一年地同疾病斗争着。

烛泪未尽灯仍亮。当他身体稍有恢复，就又来抓工作了。1959年，在全校准备第六期的教学时，冷楚同志十分关心我们政治经济学教研室用什么样的教材去教育学员的问题。我们曾根据他的指示，花了很大力气，酝酿教材的名称和全书纲目，搜集和摘抄毛主席有关经济的论述，编辑了《毛泽东同志经济理论学习材料选编》一书。我把该书的"清样"送给他审阅，他接过"清样"，很高兴地说："集中毛主席经济理论来教育学员，这是个创举。"

几天以后，他把我找去，说："'选编'的大小题目，我都看了，也看了一些章节，觉得编得不错，但需做一点改动，我有三点修改意见：①经济理论离不开辩证法，希以辩证唯物主义的思想，将全书的大小目录和有关内容，通篇理顺一下；②建设社会主义是个长过程，对此，我国尚无系统经验，'人民公社''大跃进'是带试验性的一些形式，不宜单独立章；③《人民日报》上的材料，大多数是有很大时间性的，仅供你们讲课时参考用，不宜过多地编入这本书里头去。"

1962年6月，冷楚同志久病未愈的身体，又遭急性肠炎的突然袭击。6月17日，冷楚同志终因医治无效，与我们永别了。噩耗传来，我们深感悲痛。冷楚同志临终前，思维清楚，留下两句遗言：一是将自己长期收购和珍藏的3000多册古典和精装本书籍，无偿地赠送给干校图书馆；二是将遗体送给医院做科学研究。他入党时的"为党的事业奋斗终生"的誓言，不折不扣地实现了。

冷楚同志逝世后，中央政法干校向中组部申请并获得批准，中组部特别授予他"烈士"称号，以纪念他所做的贡献。

（作者曾任中央政法干部学校校长助理）

记王昭同志与公安大学

邓 杰

王昭同志曾任中央人民公安学院院长。1953年年初，经时任公安部部长罗瑞卿同志申请，毛主席批准，王昭同志从抗美援朝战场前线回国，到公安部担任政治部主任，后又担任公安部副部长兼政治部主任，直到1961年4月调青海省工作。王昭在公安部工作8年多，他对公安政治工作和公安教育工作非常重视，有特殊感情，对中国人民公安大学的前身中央人民公安学院特别关注，并于1959年1月至9月兼任中央人民公安学院的院长。王昭为中央人民公安学院做了很多工作，根据历史档案，在此我仅举三个例子。

一、领导公安学院培养专业公安干部

1953年1月，中央人民公安学院正式成立，公安系统真正有了正规培养中级公安干部的高等学校，公安部部长罗瑞卿兼任院长。公安学院干部培训以普通班为主。1953年3月27日，中央人民公安学院迎来了普通班第一期学员。王昭刚刚担任公安部政治部主任不久，亲自出席公安学院开学典礼并发表讲话，针对第一期学员"大部分是解放战争时期参加革命工作的干部，少部分是抗日战争和新中国成立后参加革命的干部，这些干部有比较丰富的实际工作经验，但缺乏系统的、全面的理论知识和专业知识"的特点，王昭谈了来公安学院学习的必要性"为了公安工作形势发展的需要，必须从思想水平、业务水平上提高一步"，要求同志们"第一要安稳屁股安下心去学习；第二要防止患得患失，有的觉得原工作岗位好不安心学习，有的又不愿意回原单位工作；第三要互助，老干部文化水平低，而新干部文化水平高，把党和集体主义放在第一位；第四要安下心钻，不满足一知半解，不懂就是不懂"。同时，在学习中要"放下架子，不怕苦，不怕困难”。此后，王昭又先后参加公安学院第二期、第三期、第五期开学典礼。

中央人民公安学院成立之初极缺教员，确立了业务课主要由公安部领导和各业务局领导干部讲授的原则。王昭亲自上阵担任教员，为第一期学员作了《思想领导 具体领导》课程，为第二期学员讲授《公安政治工作》课程，作了《关于公安工作的具体领导》和《党在过渡时期的总路线和总任务》报告，为第三期学员作关于肃反工作的报告。特别是《公安政治工作》课程，针对公安政治工作建立时间较短的实际情况，围绕大家感到困惑的核心问题，从在公安机关建设公安政治工作的意义与政治工作的基本任务、公安政治工作的现状和中心任务、如何开展政治工作三大方面，既全面系统又深入浅出地讲述了公安政治工作的核心任务及工作方法，为学员们从事公安政治工作指明了方向。

在王昭的领导下，在周仲英副院长的具体带领下，公安学院一班人克服种种困难，迅速开展工作。公安学院制订了专门的教学计划，教学内容以公安专业为主，侦查业务为重点，着力提高学员解决实际问题的能力。在教育方针上，采取以业务学习为主，结合一定的政治教育。在教学方法上，采取讲授、作业、辅导三者相结合，并以上大课和各专业分别讲授专业课相结合为基本教学方式。1953年至1958年，公安学院快速发展，为公安政法队伍培养各类领导干部、业务骨干和专门人才7000余人。

二、主导成立中央人民公安学院分院

1954年11月，根据当时公安工作发展需要，鉴于中央人民公安学院和各地公安学校发展迅速，为了迅速地提高公安干部的政策、业务水平，加强公安干部的培养，在王昭的倡导下，公安部党委提出在全国建立中央人民公安学院分院。王昭亲自组织公安部政治部领导、公安学院领导、全国各大区公安学校校长、有关省市公安厅（局）领导及苏联顾问等人员，专门研究如何落实公安部党委这一决定。王昭在专题会议上首先发言，介绍了公安部关于成立分院若干问题的规定（草案），要求大家围绕各公安分院的性质、任务、领导关系等问题，踊跃发言，建言献策。王昭特别要求与会同志根据所在地区的实际情况，对草案提出充分意见，加以补充修改。同时，将工作中的困难、解决的办法以及对中央的要求毫无顾虑地提出，以求通过会议真正解决问题，制订出切实可行的方案。最终，会议讨论通过了《中华人民共和国公安部关于成立中央人民公安学院分院的若干问题的规定》《中央人民公安学院分院组织机构系统表》《一九五五年调训学员的初步意见》《一九五五年各分院教学计划》等文件。王昭的发言使同志们领会了公安部党委成立公安学院分院的目的和对全国公安教育工作的部署和规划，打消了大家的顾虑，对会议的成功召开和各地公安学校的进一步发展起到了关键作用。

1955 年 1 月，中央组织部批准，除将原东北公安学校改建为中央人民警察干部学校外，将原华东、中南、西北、西南等公安学校均改建为中央人民公安学院分院，即原华东公安学校改为中央人民公安学院上海分院，设于上海市；原中南公安学院改为中央人民公安学院武汉分院，设于武汉市；原西北公安学校改为中央人民公安学院西安分院，设于西安市；原西南公安学校改为中央人民公安学院重庆分院，设于重庆市。

三、领导完成中央人民公安学院与中央政法干校合并

1958 年，党的八大二次会议通过了“鼓足干劲，力争上游，多快好省地建设社会主义”的总路线，全国县级以下政法公安机关合并，机构、人员逐步精简，政法干部培训面临压缩的趋势。1958 年年底，中央人民公安学院在普通班第五期毕业后决定暂时停办。

1959 年 1 月，根据工作需要，国务院全体会议第 84 次会议通过任命王昭为公安学院院长，免去罗瑞卿的公安学院院长职务。与此同时，为精简机构，节省人力、物力，提高教学质量，罗瑞卿以中央政法小组负责人的名义给党中央写报告，提出将中央政法干部学校和中央人民公安学院合并，合并后仍沿用“中央政法干部学校”的名称，负责轮训政法机关县级以上的主要负责干部。

中央政法干校是 20 世纪 50 年代，除中央人民公安学院外，中央政法委成立的另外一所培养中高级政法干部的高等院校。政法委员会副主任彭真任校长，受中央政法委领导，主要训练县（市）人民政府主要干部及（县市）法院、检察署、监察委员会和公安局等负责人员。

王昭负责具体协调两校合并问题，邀请最高法、最高检、司法部、内务部和政法干校、公安学院的同志进行具体研究。提出，中央政法干校的任务主要是负

责轮训县级以上政法机关的主要负责干部，训练期限一般为一年，训练内容以马列主义理论、党的方针政策和政府的有关法令为主，适当学习一些政法、民政业务和参加一些生产劳动。提出了学校的领导体制和校领导的建议方案。中央陆续批复了该方案的相关内容。

1959 年 6 月，中央决定，毛铎担任合并后的中央政法干校校长。1959 年 9 月，国务院全体会议第 92 次会议正式通过免去王昭的中央人民公安学院院长职务。

伟人风范，万古流芳。王昭作为新中国成立初期全国公安工作重要领导人，在开创公安政治工作、布局公安教育训练、提高公安队伍业务素质等方面起到了关键作用。王昭的工作业绩，体现了其作为一位杰出的政治家对公安政法工作和公安教育工作的关心和重视，体现了他对民族、对国家、对人民高度负责的态度和远见卓识。王昭对公安教育工作所做的卓越贡献，激励着新一代公大人砥砺前进、接力奋斗，不断把学校推向新的发展阶段。我们要牢记王昭等老一辈革命家的谆谆教导和深切期望，坚持以振兴公安高等教育、培育公安英才为己任，振奋精神、努力工作，把公安大学建设成“国内一流，世界前茅”的警察大学。

（作者系我校办公室综合档案室主任）

尹肇之在中央政法干校搞整改

李少哲

1975年7月29日，“四人帮”在公安部的代理人将肇之降职贬到中央政法干校工作。肇之从党的事业出发，毅然接受了这个任务。能出来工作，肇之非常高兴。但是在那动乱的年代，“四人帮”在公安部的亲信控制着中央政法干校。当时干校已被“砸烂”，停办达9年之久。肇之来校后，身居逆境，却不忘办学大事，他一方面与包围他的帮派势力进行有理有力的斗争，另一方面为恢复办学大造舆论。他说：“学校不开学上课还算什么学校。”并提出围绕准备开学的目标进行各项恢复整顿工作。他还指出，学校的领导班子和干部队伍应按“五湖四海”的原则进行建设，强调要相信和任用有长期办学经验的老干部、老教师。8月2日，召开领导小组会，明确指出要学习小平、剑英同志在军委扩大会上关于进行思想整顿、组织整顿的讲话，强调联系干校实际，领会精神、武装思想、准备开学。他到校后深入实际，调查研究，在15天内找了科长、处长级干部60多人个别谈话。他针对领导班子存在的问题，提出要反对歪风邪气，抵制资产阶级倾向，要团结一切可以团结的同志一道工作，进而提出落实政策要“敢”字当头。他对从监狱里释放出来的老同志，政治上给予极大同情，生活上关心照顾，顶住了各方面的压力，保护了老同志。肇之的言行，反映出干校广大同志久埋心头的愿望，但却触怒了帮派势力，说干校“送走了一个赵太爷（指原校长赵国威同志），又来了一个尹老爷”。一阵“反击右倾翻案风”恶浪袭来，他们把肇之当成“复辟逆流”的代表，污蔑他“鼓吹以开学为纲”，叫“旧势力”卷土重来，把他的言论列入《奇谈怪论》集，印发全校供批判用。在这种围攻、批斗下，肇之有志难展、有理难申。在身体刚有些恢复的情况下，血压又升高了，心脏病更加严重，每天中午只吃半个馒头和一点咸菜、十几粒花生米，体重下降到

90 斤以下，但他仍带病坚持工作，以极大的毅力和韧劲冲过了这寒夜的最后时辰。

“四人帮”被粉碎了，肇之以无限欣喜的心情向全校同志传达了中央的决定，并亲自到香山去向在那里劳动的西藏班师生进行传达。

粉碎“四人帮”后，在部党组的领导下，肇之把很大的精力放在分清政治是非和办学原则是非上。他认为，重大是非界限不清，不在正确原则上统一认识，开学办校的阻力是无法克服的。他领导了全校性的大讨论，组织办公室的同志参加研究和写作，要求他们认真学习理论、紧密联系实际，写出有政治水平、有科学水平、有实践根据、有说服力的文章来。在公安部大会揭露“四人帮”及其在公安部的势力破坏中央政法干校的罪行发言稿，1978 年 1 月 26 日在《人民日报》宣传学校砸碎“四人帮”精神枷锁、明确办校方向的文章，以及在校内印发关于分清办校原则是非的理论文章等，都是在他亲自倡议并具体指导下完成的。他字斟句酌，严加指点，所示见解令人折服。他注意行文严谨、说理透彻，不做表面文章。由于在这个决定性的环节上抓出成效，办学思想基本一致了，为把学校工作重点迅速转移到开学上来，创造了十分有利的条件。

学校广大同志早已盼开学心切。1977 年夏季传来党中央领导同志对公安部教育训练工作的指示，肇之没有等上级机关交任务，就与校内几位领导同志讨论后，主动向最高人民法院党组和公安部党组写了要求筹备开学的请示报告。后来按公安部党组的意见，在肇之主持下为公安部代拟了《关于中央政法干部学校恢复开学的请示报告》，并得到了中央的正式批准，邓小平同志也圈阅同意了。肇之及各位校领导进一步考虑到，各地公安政法学校都面临恢复开办任务，中央政法干校当务之急是为大家培训师资。于是把这个意见又向公安部领导提出，再次获准，训练计划也批准了。全校同志欢欣鼓舞。素日言吐稳重的肇之，激动之情也溢于言表。这时，他已不顾自己带病之身，展开了更加繁重的工作。一方面继续进行“揭、批、查”工作，另一方面把主要力量转移到开学准备工作上。经过多方面努力，克服了种种困难，终于按计划于 1978 年上半年完成了师资训练班的开办任务。接着，又马不停蹄地于 1978 年下半年完成了第 15 期普通班开学的任务。中央政法干校成为当时全国恢复最早的干校之一。这是学校的光荣，其中也包含了肇之不可磨灭的业绩。

1979年，小平同志关于坚持四项基本原则的讲话传达后，肇之竭诚拥护，高兴地说，有了小平同志这个讲话，天下大定。他强调指出，四项基本原则是挂帅的，是方向，是我们几十年革命斗争经验的总结，是建党立国的政治基础，是我们的事业胜利前进的根本保证。他还主张在新的历史时期，政法部门要增强法制观念，教育广大干警严格依法办事，做到“有法可依、有法必依、执法必严、违法必究”，保护人民，打击和惩治犯罪。政法部门要继续加强政治思想工作，发扬优良传统，大张旗鼓地表彰英雄模范人物的先进事迹。

肇之经常教育大家，要模范地遵守公安干警“八大纪律、十项注意”，要做好样子、要带好头。他自己更是言传身教、率先执行。他到各地检查工作、调查研究，不吃请、不受礼。每到一地，他就让随行人员告诉当地的同志，生活要简朴，不要铺张浪费，四菜一汤，以素为主。他有晚饭后到公园散步思考问题的习惯，总是告诫陪同的同志要买门票，不要搞特殊。每离开一个地方，他都要询问房费交了没有、伙食账结了没有、钱和粮票交了没有。他有时还详细询问各种收费标准，以检查是否按制度办事。在市场供应比较紧张的年月，他教育大家不要随便购买地方市场紧缺物品。

肇之坚持原则，不徇私情，严格按党的纪律和政治生活准则办事。他经常教育家属子女不要以他的地位和权力，谋取个人不应享有的东西。离休以后，机关送他的文电，他都亲自启封、保管，自己掌管文件柜钥匙，每次退文则亲手封口。他严格遵守保密规定，教育家属子女不该看的不看，不该知道的不问。

（作者系公安部离休干部）

一息尚存，革命不止

——回忆我的父亲赵国威

赵宇光

我的父亲赵国威，湖北省红安县人，1911 年生，1928 年加入共产主义青年团，1930 年参加工农红军，1933 年由团转党，参加了长征，历任红四方面军 10 师 29 团战士、红四方面军总政治部总务处协理员、红军西路军干部游击大队党总支书记、抗大二分校（晋察冀军区分校）第四大队政委、晋察冀军区雁北军分区副政委、独八旅副政委、冀中军区整训兵团政治部主任、冀中军区军政干部学校政委、中国人民解放军公安部队政治部组织部部长、总参谋部警备部政治部副主任、中国人民武装警察部队政治部副主任、公安部边防局副局长兼政治部主任、中央政法干部学校校长兼党委书记、中央人民公安学院院长兼党委书记、公安部党组成员、公安部副部级咨询委员、中国人民政治协商会议第五届和第六届全国委员会委员。1955 年被授予二级八一勋章、二级独立自由勋章、二级解放勋章，1991 年被授予人民警察一级金盾荣誉章。1995 年 1 月病逝，享年 84 岁。

1959 年，父亲被调到中央政法干部学校工作，一进校就扎下根来，从周一到周六住办公室，吃大食堂，星期天才回家与家人团聚。我们家在东四北大街，离学校并不远，他还配有专车，一脚油门拐两个弯就到了，但父亲这样做是为了用更多的时间做工作，与更多的教职工接触交流。父亲有个习惯，每天晚饭后都围着校园转转，发现问题就指出解决，看见教职工就停下聊聊天，无论是教授还是工人，都说说工作、拉拉家常，很快就对全校人员了如指掌。父亲由于工作忙，时常不能正点去大食堂就餐，食堂大师傅就留人热着饭菜等着，还特意在靠近打饭窗口的桌子边放上一把椅子，之后就成了父亲的专座，久而久之大家都说：赵校长在学校工作20多年，唯一的“特权”就是食堂里的一把椅子。

1978年年初，父亲被选为第五届全国政协委员，北京市政府特批给每位委员多购买一套液化气灶具，这个消息着实让我们全家高兴了好一阵子，因为那时大哥与我结婚成家后与父母分灶做饭，三个家庭、十几口子人烧开水、做饭、煮奶、熬中药，只有一套液化气灶具。我们盼来盼去，可那套新灶具却始终没有进家门，原来父亲得知一位从西北回校的老教授安家后没有煤气灶具做饭，生活遇到困难，就立即掏钱将那套液化气买下后送给了老教授使用。在以后的十年里，我们家依然使用着那套唯一的液化气灶具，做饭要排队，父母做完了我和哥哥才能做，而且一家只能使一个灶眼，蒸上米饭就不能炒菜，做一顿饭要一个多小时。由于吃饭的人多，液化气使得特别费，平价的罐装气不够用，就买要贵好几倍的高价气，使得工资并不高的家庭增加了额外的负担。那时“文革”结束后拨乱反正，父亲的工作得到了上级的肯定，连续成为第五届和第六届全国政协委员、公安部党组成员、咨询委员会委员，享受副部级生活待遇，可是家里做饭的窘况依旧。面对这些情况，父亲还是那句话：“自家的困难，自己克服!”直到1988年，学校盖了新楼，那位老教授搬进去用上了管道煤气，父亲才同意我去把那套液化气灶具搬了回来，解决了我们大家庭的燃“煤”之急。

父亲参加革命几十年，在军队和地方有很多老战友、老关系，但父亲从来都是用来“公关”。以前学校经费少，全国各地到京参加培训的“三长”（省、地市、县的公安局长、检察院检察长、法院院长）需要自己解决睡觉的寝具，每到培训班开学时间学校门口就会看见“三长”们扛着红红绿绿的被窝卷来校报道。他们在当地大小也是一级干部，有些学员发牢骚说：“知道的我们是进京学习，不知道的以为是集体迁移呢!”父亲看在眼里、急在心里，于是他找到红军老战友、时任北京军区后勤部的政委，低价购进了一批战士替换下来的旧被褥，虽然旧一些但好歹解决了“三长”培训学员的寝具问题。父亲从不用他的老关系为家人谋私利，我们兄弟姐妹中有6个当兵服役，每到退伍转业回到家时，父亲都斩钉截铁地说：“不走后门，服从组织分配。”于是，有5个都分到了工厂和建筑队。后来，我大姐背着父亲找到学校一个部门领导办理了调入学校的手续，父亲知道后很生气，立刻把档案退回工厂。父亲常自豪地说：我们是个共产党员之家，三代人包括媳妇、女婿都是共产党员，我们家可以编个党小组。我们两代人中有9个当过兵，可以编成一个战斗班，祖国一召唤，我们立刻就冲上去。

父亲是1933年入党的老党员，除在岗位上发挥老共产党员的先锋模范作用外，离开工作岗位后他的理想信念仍没有一丝一毫的衰减。1984年，他患了脑梗以致偏瘫，躺在床上仍坚持学习，一只眼睛失明后看不清文件报纸，就让我母亲天天给他读报，一台小收音机常放在他的枕边，党的路线、方针、政策始终是他学习的重点，这种学习方式一直坚持到病逝。父亲因偏瘫很长时间没过党组织生活很着急，就与他所在的校办党小组联系开了一次特殊的党小组会，校办党小组全体党员都聚到我们家，父亲勉强坐起来诚恳地向党小组汇报了自己患病以来如何与疾病做斗争，如何坚持学习的思想情况，并鼓励年轻党员好好为人民服务。1995年，父亲病情加重，在临终前的几天将学校补发的几千元工资款捐助给甘肃张掖地区的5名小学生，他用捐赠“希望工程”的方式来表达他的心永远与长眠于祁连山脉的红军西路军战友在一起。

父亲自1927年著名的“黄麻起义”后参加革命，先后参加了土地革命战争、抗日战争、解放战争，新中国成立后参加了中国人民解放军公安军和武装警察部队的组建工作，从1959年至1983年在学校领导岗位整整工作了二十三个年头。从战争年代到和平建设时期，他始终如一地保持着坚定的理想信念，是理想信念支持他在四川的一次作战中左胸和肩胛骨被子弹打穿，伤愈后立即归队走完了艰苦卓绝的长征路程；是理想信念支持他在红军西路军失败后从战友的尸体旁爬起来，化装成叫花子一路讨饭向延安方向走；是理想信念支持他被马步芳匪军抓捕后关押在西安陆军监狱，在严刑拷打下宁死不屈，向郑州监狱押解时与几个红军战友一同跳车找到八路军驻西安办事处，相隔一年后终于回到了党中央的身边；是理想信念支持他在残酷的战争时期毅然把哥哥、姐姐和刚刚满月的我寄放在河北和山西的老乡家里，然后义无反顾地投入枪林弹雨的战斗中。父亲生前没有留下什么豪言壮语，他用战斗的一生诠释了对理想信念的诺言：一息尚存，革命不止！

（作者系我校退休干部）

百年人生，半部校史

李　祥

谢飞是一位有着传奇色彩的革命老人。当年，开国领袖毛泽东与满脸微笑戴着帽子的年轻女干部谢飞的握手照片，成为中国人民公安大学校史展览中历史图片的经典。那是 1957 年 1 月 15 日，时任公安大学前身中央政法干校副校长的谢飞，带学员进中南海接受中央领导人的接见时，刚刚走近接见队伍的毛泽东一眼就认出这位三十多岁出生于海南岛原名谢琼香的红军女战士，毛主席好奇地手指着谢飞，问她戴的什么帽子。新华社摄影记者侯波迅速抓拍了领袖同谢飞亲切握手交谈的历史瞬间。

我担任公安大学西藏部主任期间，曾带领西藏学员拜访了当年参加人类最伟大壮举的二万五千里长征的传奇女红军谢飞，感受了这位壮美老人的笑对人生。

一个春风拂面的日子，我按着约定的时间，带领公安大学 9 名西藏学员来到校园一角旧式小楼谢飞的住所，庭院里盛开的迎春花透着主人晚年生活的温馨与快乐。那天，老校长着一身整洁合体的天蓝色衣裤，已站在庭院门口满脸笑容地等待我们的到来。我们还邀请了退休多年的老书记石磊，他那浓重的山西口音尊称谢飞为老大姐。在花墙的小院里，西藏学员高兴地围坐在两位老校长身边，聆听老领导的教诲，座谈民族教育的光辉历史。那天，谢校长精神非常好，快人快语，带着海岛般灿烂透明的笑容，看不出已是九旬老人。老校长家里有一台上海产的蝴蝶牌缝纫机，立下了“汗马功劳”。她用它缝制了家里的沙发套和窗帘，还缝制过自己的衣服。她已经养成一种坚持简单饮食，注重户外运动，保持坐有坐相、站有站姿的健康生活习惯。

她对往事的记忆远远胜过近事，记忆的闸门一打开，话便滔滔不绝。老校长谈起当年内地办西藏班是党和毛主席的伟大决策，接受办学的中央公安学院克服种种困难制订教学计划，摸索出为西藏培养公安人才的成功经验。她称赞西藏学员认真刻苦的学习精神，对当年带西藏学员走出学校到全国各地参观学习的历史记忆犹新。西藏学员毕业离校前由校领导带队到各地参观学习，已成为民族教育成功的办学经验。每次外出参观，公安部政治部专门给各省、市公安厅（局）发出通知，要求各地对西藏学员的参观给予关心与重视。20 世纪 60 年代，在公安部政治部下发的通知中还提出："不要请客招待，也不要赠送礼物。"反映了那个年代公安机关对党风建设的重视。谢飞曾于 60 年代和 80 年代多次带西藏班学员，先后走过武汉、上海、西安、兰州、南京、杭州和长沙等十多个城市，几乎走遍了大半个中国，由此结下了深深的西藏情结。几十年过去了，老校长仍能如数家珍般地说出小强巴、大顿珠、边巴、阿桑、卓玛等藏族学员的名字，谈到一些年小学员的顽皮和可爱性格时，竟动情地发出孩童般爽朗的笑声。那一天，原本有点腼腆、拘谨的西藏学员，在老校长谈笑声的感染下也随意起来，听着老校长说，随着老校长笑，有时还提些自己不明的事情。我在一旁适时按动相机快门，把这一愉快场景定格在我的胶片里。我拍摄的这张照片，收入那年我参加编写的《高原卫士摇篮》画册中，放大的彩色照片我送给了老校长，她从照片中看到自己同藏族学员热情交谈的画面不禁笑了起来。

20 世纪 90 年代，年过八旬身体硬朗的老校长常由人陪同到全国各地考察参观。谢飞一生走过千山万水，但她永远铭记出生地海南与红军长征的起点瑞金，成为外出考察时的必到之地，那是有着传奇色彩的革命老人整理漫长思绪的两个红色起点。谢飞每到海南，总要忆起生养自己的父母，那片长满香蕉、椰子树的亚热带土地总要勾起童年的回忆。负责接待的当地同志，也把这位老人当作回家的海南儿女。

谢飞出生在海南省文昌县的农民家里，在白色恐怖的 1927 年，年仅 14 岁的谢飞加入了共青团，同年 7 月加入中国共产党。为了追求真理，她离开了家乡，出生入死，革命一生。谢飞对江西省南部城市瑞金有着特有的情感，她到了江西，必去瑞金，她在这座城市沉思，在这里流连。20 世纪 30 年代初，瑞金是中华苏维埃共和国临时中央政府的首都，是当年中央红军二万五千里长征的起点。谢飞曾在中国香港、新加坡、马来西亚从事过党的秘密工作，但让这位老人铭记并自豪的是参加了爬雪山、过草地的举世闻名的二万五千里长征，她对当年长征的出发地瑞金有着深深的记忆与怀念。她在瑞金参观毛泽东当年的住所，在中央革命根据地历史陈列馆里仔细观看革命历史文物，会见了已在家乡务农的当年女红军，两位老战士如同重逢姐妹微笑着合影。瑞金永远在谢飞的心里，这里依然是红色的土地。

新中国成立后，谢飞同志在中国人民大学工作，一边工作一边坚持上夜大学，40 岁时“靠信念、靠毅力、靠刻苦”考上了法律专业研究生。1956 年以后，她长期在中央政法干校、中央人民公安学院担任领导职务。“文革”中受到残酷迫害，蒙冤入狱 5 年之久，却依然坚守理想信念，不改初衷。公安大学成立不久，谢飞同志被任命为公安大学顾问。作为学校的原主要领导，享受副部长级待遇的干部，学校给她配备了专车，但没有特别急的事情，她都不用车子，外出大多是坐公交车。她还向大家介绍公交车拥挤时如何上车，一边说，一边给大家示范。可有一次，谢飞同志坐公交车时还是被人群挤了下来。

2000 年 2 月，谢飞同志离职休养。同年 7 月，被聘为北京新四军暨华中抗日根据地研究会浙东分会名誉会长；2003 年 12 月，被聘为北京新四军暨华中抗日根据地研究会顾问。离休后，谢飞同志积极参加党组织活动和社会公益事业，多次为灾区、贫困地区和革命老区捐款捐物、缴纳特殊党费，充分体现了一名老红军、老共产党员生命不息、奋斗不止的革命情怀。

谢飞同志参加革命 86 年，她始终热爱党、热爱祖国、热爱人民，热爱为之奋斗一生的共产主义崇高事业；她政治立场坚定，拥护党的路线、方针、政策，自觉维护团结、顾全大局，具有坚强的党性原则；她勤于学习、善于思考，工作深入细致，具有丰富的教育管理经验；她恪尽职守、任劳任怨，光明磊落、清正廉洁，从不计较个人名利得失；她严于律己、宽以待人，心地善良、关心同志，爱家庭、重亲情，深受广大干部群众及其亲属的尊重和爱戴。谢飞同志的一生是革命的一生，战斗的一生，全心全意为人民服务的一生，她用自己的实际行动实践了为共产主义事业奋斗终生的誓言。

（作者系我校退休干部）

怀念老教育长张德含同志

尹兴庆　郭　萌

1949 年 2 月，公安大学的前身——华北公安干部学校刚刚成立，并由农村进入城市，张德含同志便由太岳行署公安局调到北京，主持学校工作。他曾经担任过华北公安干部学校教育主任、中央公安干部学校教育长、中央人民公安学院副院长。他为我们学校的发展建设勤勤恳恳地耕耘了整整十个年头。直到 1958 年调任中共山西省委统战部部长、山西省政协副主席。

十年中，他一直不知疲倦地为公安教育事业、为培养众多的公安干部而忘我地工作。我们作为第一期学员，之后又留在学校工作，在他的言传身教中，受到很多教益；对他诲人不倦的治学精神至今仍留有深刻印象。

刚进城的头几年，学校的人力、物力都很不足。招收第一期学员的时候，他集党、政、教学和行政于一身。当时没有专职教员，为保证教学进度，他总是亲自上台讲课，为此，他常常夜以继日地备课、赶写讲稿。在以后的几期中，为认真贯彻教育方针，为排除教学工作中的各种障碍，为解决全体考生、工作人员在学习、工作、生活中存在的种种实际困难，他总是不厌其烦地进行工作。

在中央公安干部学校招收的第二期、第三期学员当中，很多学员是随着全国解放涌进革命队伍的知识青年，为保证公安队伍的纯洁，除平时加强政治教育，不断提高思想觉悟外，每期都要写历史、思想自传以及进行政治历史审查。每次他都是亲自作动员报告，打消学员的各种思想顾虑，强调人民公安干部要对党忠诚老实。不少学员是在他的反复动员后，经过激烈的思想斗争才放下思想包袱的。当时有的学员讲："不怕枪、不怕炮，就怕教育长作动员报告。"的确，他在作动员报告时态度严肃诚恳，声音铿锵有力，很令人折服。

他坚持从严治校的精神，经常在全体学生、工作人员中进行组织纪律教育，并严格规章制度管理，又总是以说服教育为主。中央公安干部学校时期的校舍是白云观道观，道士每天敲大鼓、木鱼，影响学员的学习和休息，因此一个学员便故意把大鼓弄破了，为此道士极为不满。张德含同志闻知此事后，严肃地批评了这个学员，并在全校员工中进行教育，反复强调这不仅是党和群众的一般关系问题，而且关系到党的宗教政策问题，从而使大家受到一次深刻的党的宗教政策的教育。

他坚持马列主义原则，坚持党性原则，认真贯彻执行公安部党组的决议。从第三期开始，他在辅助周仲英副校长主持全校工作的同时，部党组决定把“新生公学”移交给中央公安干部学校管理。当时周副校长身体状况欠佳，学校本身工作很忙，他却毫无保留地坚决执行决定，兼任了“新生公学”校长。他一向艰苦朴素、勤俭节约，从不搞特殊化。

张德含同志是1927年的老党员，他立场坚定，曾在国民党监狱里受尽折磨，牙齿都被敌人打掉了，但仍进行着坚贞不屈的顽强斗争。他在同志中间则是坦率赤诚、平易近人，对下级干部更是关怀备至。第一期有个学员星期日外出看了一场夜场戏，返校时晚了些，他出于安全上的考虑，直到这个学员回来后才放下心去睡觉。对学员的学习，他总是循循善诱；对干部的工作，他耐心指导；对报上来的材料、文稿他都要亲自修改、校阅，力求准确无误。他处处以身作则，严于律己。为公安教育事业日夜操劳，他睡觉时间很少，有时带病坚持工作，甚至边吃饭边工作。当时他不过40多岁，但从外表看上去，却像个年过半百的老人，以至在调任山西后，终因积劳成疾，于1964年病逝，那时他才57岁。

张德含同志过早地离开了我们，但他的高尚品德，呕心沥血育才、育人的革命精神却永远留在我们心里。

（作者尹兴庆曾任中央政法干部学校副校长）

怀念敬爱的师长石磊同志

康大民

2004年4月5日，我校的老领导石磊同志溘然长逝。想不到春节我去给他拜年竟成了诀别！为此我不胜悲痛，更对石磊同志思念不已。据知，他临终前曾明示：逝后不做遗体告别，不发讣告，不写传记。他在弥留之际犹念及不牵劳组织和亲友。这“三不”也是他慎独克己、勤俭奉公一生的“句号”。

石磊同志1950年就参加了公安大学的前身——华北公安干校的建校工作，直到1985年12月离休。据我所知，他是在我校工作时间最长的校级领导。在他担任校领导的35年里，我校建设发展的每一步都凝聚着他的心血。当年，我有机会以秘书的身份参加过校领导的会议，亲身感受到石磊富于创新思维、善于集中大家意见的工作品质。他既善于辅佐一把手加强领导工作，又能把自己的许多创见融入我校独具特色的发展中。在我校的办校方向、教师队伍、干部职工队伍、课程、教材、设施、体制与思想作风等方面的建设上，他都有过历史性的贡献。在这里，我没有能力概括出他所有的建校功勋，只能在有缘与他一同工作生活的片段中，追忆他、怀念他，以寄托我的无限哀思。

1950年，我为了参加抗美援朝报考了军干校，被招进中央干部学校。那时，全国急需公安干部，要求中央公安干部学校加大培训规模，提供高素质的“新鲜血液”。刚调来担任校党总支副书记的石磊同志带着公安部领导的信函，亲自到总政治部找肖华主任，联系从全国各地大、中学校报名参加抗美援朝的青年中招收学员的事宜。石磊后来向我讲过，肖华主任很重视，当即议定选调500名政治可靠、身体好、学习好的报名学生。石磊同志说：“你们第四期学员就是这么来的。”他对这期学员整体素质之满意溢于言表。我这才知道了决定自己毕生职业的这段机缘。这是建校以来石磊同志参加领导工作以后办成的一桩大事。这一期毕业生后来分配到全国，涌现出一大批各级骨干。像陶驷驹、徐迈等都是这一期的学员。公安大学初期一批高级职称的教学骨干也大都来自这一期学员。

我所知道的石磊同志最后为学校做的一件大事，是筹建公安大学方面的工作。1983 年 5 月，中央文件决定“中央人民公安学院要办成正规学院”。在公安部党组和校党委的领导下，石磊积极投入与中央政法干校分离和筹建公安大学的繁重而紧张的工作当中。我当时在他领导下参加了部分相关文件的起草和调研工作，亲见他来往、交涉、奔忙于中央政法领导小组、公安部、教育部等部门，逐一请示、征询意见、协调关系，克服了重重困难，统一了认识，落实了办校体制。为了办好本科学历教育，石磊同志还带领我们亲赴一些院校取经。1983 年 11 月 25 日，公安部正式向国务院呈送《关于将中央人民公安学院改建为全日制中国人民公安大学的报告》。1984 年 1 月，国务院委托教育部批准，将中央人民公安学院改建为全日制中国人民公安大学。这是我校历史上一个最具关键意义的转折，也是罗瑞卿部长 1953 年提出的“办公安大学”理想的实现。石磊同志离开领导岗位之前，和全校同志一起，以自己的努力，对母校做出了有历史意义的奉献。

石磊同志在坚持党性修养方面也为我们做出了榜样。他长期从事学校党的组织工作和思想工作，时时处处坚持党的优良传统。“要有坚强的党性”是他对自己的要求，也是对全校同志的期望。他一再强调学校的每个成员都要以自己“为学员服务”的一言一行发挥示范教育作用，老师必须身教重于言教。他自己也是这样做的。当时，在校长赵国威的领导下，学校形成了全心全意为学员服务、密切联系学员的传统和制度。每期开学和结业，学校都认真做好接送学员的工作。石磊身体多病，但经常以普通一员的身份参加接送学员的工作。他经常深入学员支部、小组，了解学员的学习情况和他们对教学、管理等方面的意见。对学员提出的意见，他都一一作答。每一次由石磊在大会上作“民主会”总结时，他总代表校党委诚恳地接受学员们的意见，并主动承担责任，虚心自我批评，提出整改办法。学员们反映：“校领导以身作则，关心学员，正视缺点，为自己树立了榜样，回去也要这样发扬民主。”

石磊同志重视学习并善于学习。为了使学校工作跟上中央的部署，他嘱咐我们认真阅读文件。为了提高我们的写作和参谋能力，他还经常指定文件叫我们看。他按照毛泽东同志和罗瑞卿同志开列的 30 本马克思主义原著书目认真阅读，所读过的书上都写着很多批注。他还经常提出自己的一些心得和年轻同志讨论。他最投入的是学习毛泽东、刘少奇等同志的著作。对这些著作的理论他不但理解得深，而且还能熟练地将之运用于领导工作和教学当中。20 世纪 60 年代初期的轮训班有一堂大课——以党的理论和党员标准联系学员的思想实际论述如何提高思想修养，这门课是由石磊主讲的。他在讲课过程中引用了毛泽东、刘少奇的许多有关精辟论述。有一段是“给‘个人主义’画像”，系统而深刻地揭露了个人主义的典型表现，使听课者感触颇深。这也是学员感到在校学习收获最大的课程之一。乃至此后十几年里，每当我遇到老同学提到母校的时候，大家仍能绘声绘色地重述“画像”课的精彩片段。

与石磊共事给了我向他学习的宝贵时机。20 世纪 60 年代，我曾参加由他带队的一个公安部工作组，到某城市解决那里公安机关领导班子方面的问题。他优秀的工作品质给我留下了深刻的印象。他具有极强的原则性和组织纪律性；他讲团结、讲民主、讲究工作方法、尊重地方同志意见；他有极好的记忆力、很高的概括能力、周密的逻辑分析能力；他做说服工作细腻而富有感情，所以他的工作充满魅力。

我们把石磊当首长，他则把自己当作工作组的普通一员。他不要别人的特殊照顾，却时刻关心着身边的人，对工作组的同志非常尊重。为了工作方便，他让我和他住在一个很小的办公室里。没有想到，我们俩睡觉都很轻，稍有动静就睡不着，以至于我睡觉时连翻身都不敢。而他也怕影响我，晚间也不敢随意活动。当我们交流了内心的想法后都笑了。他和蔼、平等待人的态度，消除了职务差距和工作带给我的心理压力，使我们之间建立了亲密的友情。他忍着多种疾病的折磨，夜以继日地工作，有时睡眠很少，白天却依旧全神贯注。他肠胃不好，但是不要任何特殊照顾。我们都为他的健康担忧，但是他常常提到优秀党员艰苦奋斗的例子，要我们相信他战胜病魔的力量。他写了一首言及战胜病魔、献身事业的诗，诗中抒发的无私无畏的气概，使我受到很大的鼓舞。

我能走上公安大学的讲台，也要感谢石磊的知遇之恩。早在 20 世纪 70 年代，我就一再表示想去当老师。直到 1984 年的一天，石磊找到我说：“实现你的愿望有了一个机会。部领导采纳了你关于建立‘公安学’的建议，刘复之部长主持编写的公安大学教材中就有一本《公安学概论》。我们商量，由你主讲。这个机会非常难得，王文同院长主张开设公安学这门课，我立刻想到由你负责，你的知识结构最合适。”我听了非常激动，对他非常感谢。正是石磊帮我抓住了这个决定性的时机，我后来才有了最理想的、倾力而赴的教研事业，才有了终生献身的归宿。

我失去了可敬可亲的师长和知己，无奈和悲痛进一步激起了我向他学习的强烈愿望。

石磊同志自 1949 年 9 月起在北京中央公安干部学校工作，1962 年 2 月任我校前身中央政法干校副校长，1979 年 6 月改任校党委副书记兼副校长，1983 年 12 月任改建的中央人民公安学院党委书记，1985 年 12 月离职休养，2004 年 4 月 5 日因病逝世，享年 84 岁。

（作者系我校教授，享受国务院津贴学者）

崇敬的楷模，不尽的思念

——缅怀何剑械同志

陆中俊

忠诚于党的公安教育事业　开创公安高等教育新局面

何剑械同志于1950年6月参加公安工作。最初在西南公安学校，后调到中央人民公安学院上海分院，1961年1月调到中央政法干部学校任教员。1983年7月，何剑械同志被任命为中央人民公安学院第一副院长，1984年1月公安学院改制为公安大学后，任公安大学第一副校长，1991年3月任校长，1993年8月退休。

何剑械同志的一生，始终在公安教育战线奔忙，把毕生的精力奉献给了党的公安教育事业，他在我校工作和生活了52年，亲自参加筹备了我校由干部轮训机构向正规大学的转制工作，他为此付出了艰辛的努力。我校能有现在这样的规模和水平，是公安部领导和历届校领导以及全体教工共同努力的结果，其中凝聚了何剑械同志的汗水与心血。

1983年5月，中央文件明确指出："中央人民公安学院要办成正规学院。"同年6月，公安部为了尽快实现公安队伍革命化、年轻化、知识化、专业化，大力加强公安教育，对公安干警实行正规化教育训练，决定在公安学院的基础上改建全日制正规大学，并进行筹备工作。当时，公安学院院长由公安部副部长王文同兼任，何剑械同志是第一副院长，申报和筹办正规大学的工作便落在了他的肩上。那时，何剑械同志多次对我说："全国公安干警有一百多万人，干警的文化层次和专业水平亟待提高，我们必须尽快抓住时机，把公安学院办成全日制的公安大学，为公安机关培养更多、更好的专门人才。”为此，他全身心地投入筹建公安大学的工作。

我校原来担负干部培训任务时，一般采取上大课的方式进行教学，每期调训数百人甚至上千人，但只开设了几门课，都是在大礼堂上课，课后分组讨论，因而不需要很多教师。当时，全校只有五个教研室，教师总数不过几十人。如今要创办正规大学，就要设置若干专业，每个专业都要开设各不相同的几十门课，因此，亟须引进大批教师，增加许多教室、实验室、图书、训练设施和后勤服务保障设施，必须要有经费支撑。1983 年 11 月 25 日，学校通过公安部正式向国务院申报的创办公安大学的报告，核心内容就是请求国务院批拨必要的开办费。很快，教育部就将国务院的答复传回来了，内容很明确：“目前，国家的教育经费不足，如果你校转制不要开办费，马上就可批准；若要开办费，则需要等几年再说。”这一答复，是何剑楲同志没有想到的。面对这样的局面，他只好将教育部的答复意见如实向校党委和部领导作了报告。经慎重研究，大家都认为我校转为正规大学是当务之急，不能因要不到开办费就拖下去。遂决定先不提开办费，待得到批文，把大学办起来，再设法解决经费问题。这样，终于在 1984 年 1 月 31 日，国务院委托教育部批准中央人民公安学院改建为全日制的中国人民公安大学。

新创办的公安大学从 1984 年 7 月开始在公安管理、法律、侦察三个本科专业，以及法律、侦察师资班两个干部专修科招生，共 400 余人。此时，如何才能办好大学，成为摆在学校领导面前的新课题。何剑楲同志要求教务处、财务处、基建处、后勤处及各系部和各教研室的同志们齐心协力，心往一处想，劲往一处使，精诚团结，迎难而上，一定要将其办成一所像样的大学，不辜负公安部党委和全国百万干警对我们的殷切希望。由于对如何办学没有经验，他就组织各部门的同志们分别到首都和外地各大学去取经，学习人家的办学经验，请教如何管理好学生食堂和学生宿舍，并向教学名师讨教如何办好本科教学，回来又进行交流，结合我校的情况研究如何改进工作。那段时间，正值暑期，天气炎热，当时办公室里仅有一个小台扇，热得他全身大汗直流，他不顾自己血压高、患有严重的鼻窦炎，每天下班匆匆吃过晚饭后，就赶到办公室忙着处理校属单位写来的要求解决问题的报告，找有关负责同志研究问题；晚上他办公室的灯总是亮着，直至深夜。令我印象深刻的一件事是，有一次他凌晨三点多钟才回家休息。我问他为什么这么晚才回来，他说是找几位同志商量如何建好阶梯教室，研究怎样才能做到既节省经费又能宽敞明亮。当时他精疲力竭，一倒头便睡着了。第二天，他又赶去南京参加公安部召开的公安大专院（校）长会议。在会上，何剑械同志突然吐血、拉血，继而陷入休克状态。经医院诊断，查出何剑械同志患上了胃溃疡，医生叮嘱他需要静养，但何剑械同志却不顾身体患病，待出血止住，便回住处换了一身衣服，又返回会场继续开会。

新学期开学后，公安部任命公安部党组成员蔡诚为公安大学校长，何剑械同志仍是副校长，他积极协助校长的工作，为办好公安大学废寝忘食，日夜操劳。尽管经费不足，但招收本科生后，各个层次的教学质量仍都得到了保证。后来，学校陆续又开设了治安管理、保卫、公安政工、警察体育等专业，开展了法律夜大学、自学考试、在职干警教育训练等业务，学校的规模不断扩大，我校的毕业生源源不断地输送到各级公安机关，遍布全国各地，并逐渐成为了公安机关的业务骨干。

在公安部和国家教委的双重领导下，通过全体教工的不懈努力，学校越办越好，很快树立了良好的声誉。在他逝世后，公安部发来的唁电中，强调指出："何剑械同志长期担任公安大学主要领导职务，为公安高等教育事业做出了重大贡献，他的逝世是公安教育战线的重大损失。"

兢兢业业，呕心沥血　为公安教育事业奋不顾身

公安大学成立以后，各种各样、大大小小的事情庞杂烦琐，何剑械同志没有一丝懈怠。他当副校长时，主管教学工作，同时又分管校办工作。1991 年其任校长后，又主持学校全面工作。在他任职期间，始终注重提高教学质量，他常对我说："对一所大学来说，教学质量的高低至关重要。"

为了提升教学质量，何剑械同志身体力行，带头授课，得到学员的好评。毕业于全国第一批师资进修班的陈志军教授回忆说："听了何校长的课，至今铭记于心。何校长讲授的刑侦方针政策，到现在还适用，有些理论知识，我现在还用在课堂教学中。"在何剑械同志的努力和带动下，公安大学的教学质量有了显著提高，并受到外国友人的赞扬。

记得那一年，根据国家的统一部署，公安部给我校下达了到云南省支教的任务，地点是中越边境的文山地区，时间为一年，并且要求领导同志亲自带队。这是一个涉及全局的硬任务。何剑槭同志不顾自己身体虚弱和诸多病痛，坚持要亲自去。我当时真怕他身体吃不消，劝他和上级领导说明自己的身体状况，请求换一个人或者缓一年再去，他却坚持说："共产党员就是要迎着困难上，要服从组织的安排。"结果，他在去云南支教的一年里，病情一天比一天严重，第二年回来的时候，人整个儿瘦了一圈，真让人心疼。他就是这样一个人——党叫干啥就干啥，将个人得失置之度外，无条件地服从组织的安排，从不偷奸耍滑。毫不夸张地说，何剑槭同志的言传身教，充分诠释了一名优秀共产党员的品质。

生活中平易近人，淡泊名利

何剑槭同志一向待人和蔼可亲，几乎从不发脾气——和他打过交道的人都这样评价他。不管是对教师或是学生，他都一视同仁，态度亲切温和，像冬天里的暖阳。他虽然身为一校之长，但没有一点架子，也不搞区别对待。有时候，赶上过年过节，他还从家里带上水果或其他食品去看望值班的员工，如炊事班、司机班、电话班的值班人员，他还到学生宿舍与学生们亲切交谈，了解他们的学习、生活等情况，学生们非常感动。在同学们的心目中，他既是一位值得尊敬的校长，也是一位关心爱护学生的老人。

何剑槭同志和蔼可亲、待人真诚，不仅在学校里被传为佳话，就连我老家的乡亲们也这样称赞他。有一次，他利用假期回我的老家江苏通州，那里的许多干部群众都亲切地和他打招呼说："您回来了！许多人都以为您是一名普通职工，哪里想到您是公安大学的校长呀!"

我想，那些曾经和何剑槭同志一起共事的人们还有他的学生们，也会同我一样，怀念这位可亲可敬的同事和师长吧！在他去世后，许多省市公安战线的领导和干警，纷纷打来电话悼念何校长，江苏等地的公安大学校友们也聚在一起，哭成一团。最近，我到校医院注射室打针时，遇到一位退休老职工，他拉着我的手，惋惜地说："何剑槭同志忠诚于党、忠诚于人民，一心为学校，像他这样的好人，值得人们敬重!"

也许有些人会认为何剑槭同志那么拼命工作，取得了很多的业绩，一定是为了争名逐利。然而，何剑槭同志用自己的行动，诠释了他淡泊名利的高尚品格。他从不追求名利地位，从不追求生活享受，对于贪污腐败更是深恶痛绝。在他担任校长期间，从来没有接受过任何人的求请送礼，也没有占过公家的便宜，他对自己格外严格，可谓清心寡欲，一身正气，在这方面，堪称廉洁自律的楷模。

公安大学西小区 29 号乙楼盖好后，由于条件相对好一些，在分房的时候，很多人都希望能够住进这栋新楼。当时有人对他说："你们家，一位是校长、一位是教授，现在的住房连个像样的客厅都没有，要求调换进新楼是应该的。"但他连想都没想就回答说："今后的住房会越盖越好，哪能都去住新楼呢？我们有现在的住房就知足了，新楼应该分配给更需要的同志。"

转眼间，何剑槭同志逝世已三年了，我对他的思念如滔滔江水，连绵不绝。仅靠这篇短文，难以表达我和全家人对他的深切的缅怀之情。可以告慰何剑槭同志的是，他为之奉献了一生的公安大学，在党中央、国务院和公安部党委的正确领导和亲切关怀下，在历届校领导和全体教职工的持续努力下，如今已经成为了拥有三个一级学科博士点并可招收博士后的公安系统的重点大学，并且正在向"国内一流、世界前茅"警察大学的方向大踏步迈进。我想，何剑槭同志的在天之灵，仍然还会同全校师生一起，为我校的光辉前程感到欣慰。

（作者系我校退休教授，享受政府津贴学者，何剑槭同志的爱人）

奉献公安事业的革命伉俪

——怀念中央政法干校副校长张效良

赵淑琴　口述校史工作组

张效良是原中央政法干校校党委副书记、副校长，中国人民公安大学顾问(正局级)。他自 1937 年 6 月参加革命工作以来至 1985 年离休，近半个世纪的风雨征程，奉献在共和国的公安事业上，一生忠于党、忠于共和国的公安事业。

因共同理想而相识相知

张效良校长的夫人赵淑琴，虽年近九旬但身体依然很硬朗。讲到她和张副校长相识相知的经历时，满脸洋溢着幸福的笑容，似乎这段经历是她最美好的回忆，给了这位老人刻骨铭心的记忆，让老人重拾了当年的少女心。她和张副校长是在山西左权县相识的。那个时候的革命爱情是共同经历了风雨和生死的，他俩因共同理想而结缘，也因这份缘而情定终身。山西太原解放以后，两人在山西的一个小县城举办了婚礼，简单而温馨。

因共同事业而相互支持

新中国成立以后，张副校长来到了中央公校担任第四期学员第一大队政委的职务，随后担任中央公校的校委委员，而赵老师也几乎在同时接到了公安部的通知，来到中央公校，在组织科做内勤工作。这对革命夫妇在共和国的公安事业上相互支持着。

新中国成立初期，国家号召青年干部学习文化科学知识，做新型的知识分子。赵老师积极响应，参加了考试，结果收到了清华大学工农速成学校的录取通知书，就这样又开始了四年的学习生涯。在这四年的学习期间，赵老师克服了各种困难，顺利完成了各项学业计划。赵老师从清华大学工农速成学校毕业以后，本来有更好的机会去其他高校做老师，但是为了支持丈夫的工作，她放弃了其他岗位，回到了中央人民公安学院，继续从事公安教育事业。赵老师的这一选择，使老人的一生与公安大学的命运紧紧联系在一起，再也没有分开过。

在共和国公安教育事业战线上，赵老师始终在身后支持着张副校长的工作，默默奉献，1965 年 1 月 4 日，国务院任命张效良同志为中央政法干校副校长。

因忠于信仰而忍辱负重

“文革”这段历史，也许是老人家这辈子最为伤心的回忆吧，眼泪即为最好的证明。因各种历史原因，张副校长蒙冤入狱，而赵老师也去了湖北沙洋农场劳动，子女分别到云南、山西等地插队。这一分别就是好几年。直到 1974 年 8 月，张副校长释放回校，两人才过上正常人的生活。或许这段历史是赵老师心里的痛，也是张副校长的痛，但是这两位革命同志不计较个人得失，即使受了委屈，也依然服从大局，继续服务于公安事业，尽职尽责，直至离休。老一辈的革命家用自己坚定的政治信仰，回答了什么是忠诚。这也是公安大学一届又一届学子必将坚持的政治原则：忠于党、忠于祖国、忠于人民、忠于法律。

张效良同志回到学校以后，依然全身心地投入学校的组织协调工作中，1978 年，再次被任命为学校副校长。1983 年 9 月 1 日，公安部党组任命张效良同志为中央人民公安学院顾问，中国人民公安大学成立后继续担任学校顾问，直至离休。

（作者系我校离休干部）

出色的党的地下工作者黎强

李　祥

谍战电视连续剧《潜伏》，一时成为人们的热门话题。一水之隔的祖国宝岛台湾虽未正式播映，但人们通过网络视频也得以观看。《古今人物》2009 年 5 月 25 日第 21 期报载，酷爱大陆历史剧的台湾地区亲民党主席宋楚瑜情不自禁地连声夸赞《潜伏》拍得好、拍得真实，演员表演非常到位。

《潜伏》的热播也引发了媒体和观众从历史的尘封中翻检当年潜伏人员原型的欲望。一个偶然的机会，我得以了解到公安大学竟然有一位真实版的“余则成”！

十多年前，在公安大学的院子里，人们经常可以看到一位戴着金丝眼镜、抑扬顿挫地说着一口川味普通话的儒雅老人，他就是我校原副校长黎强。如今，黎强和他的夫人都已踏着夕阳离我们而去，他们的子女向我讲述了父亲黎强的传奇经历——黎强当年曾是中共打入国民党内部并获得高级官衔、孤军潜伏 10 年的秘密特工。在由陈云题写书名的《中共党史人物传》，以及新近出版的《红岩档案解密》中，均详细记载了黎强的传奇人生。

黎强 1915 年出生在四川安岳县，读中学时受到进步思想影响，向往革命，于是奔赴延安。他在延安抗日军政大学和陕北公学高级研究班学习半年后，南下奔赴抗日前线，中途接到中央指示，受命回重庆打入中统内部，从此开始了长达 10 年的“潜伏”生活。黎强原名李碧光，潜伏特务机关时用名李长亨，而其真实的身份当时只有董必武、周恩来等极少数中央南方局领导知道。他在党内的化名“黎强”是董必武起的，意为“能力强”，后一直沿用。黎强在极其危险的环境里，沉着冷静、机智勇敢、忍辱负重、不怕牺牲，为党获取了大量重要情报，为中国人民的解放事业做出了卓越贡献。可以说，他也是《潜伏》剧中“余则成”的原型。

剧情创作源于历史，但黎强的经历却与《潜伏》中的余则成有着诸多的相似之处。黎强的潜伏生涯颇具传奇色彩，而剧情更是设计得一波三折、扣人心弦。《潜伏》是一部情感色彩很浓的谍战片，主人公余则成身边有三位女性：翠萍、左蓝和晚秋。而黎强当年潜伏几年后，组织也希望他尽快成家，以便于长期隐蔽工作。起初，组织上安排一位女地下共产党员与黎强结婚，但他认为两个党员在一起容易暴露。之后，黎强经组织同意娶了时任国民党成都县党部书记的女儿为妻，为深入潜伏准备了更充分的条件。黎强的妻子是位单纯善良的普通女性，直到新中国成立她才知道自己身为国民党高级军官的丈夫竟然是共产党员！剧中的余则成跟随国民党撤退台湾，开始了新的潜伏生活。而黎强在 1949 年出任了国民党第 45 军 312 师的副师长，准备随败军至台湾继续潜伏，但撤离时全师被解放军俘虏，使黎强得以戏剧性地归队。当时，黎强说出自己身份时，负责看押的解放军没一个人相信。黎强被关押数日后，托人用暗语致电中共中央，中央紧急回电：速送黎强同志赴北平。至此，黎强结束了 10 年的潜伏生活。

《潜伏》主题歌《深海》中有句歌词：“我的信仰如无底深海，那是忠诚永在。”这宏大的主题歌，唱出了当年无数“余则成”和“翠萍”“左蓝”的心声，更使我们无比敬仰这些生活在特殊年代的无名英雄，敬仰我党隐蔽战线上的诸多功臣。被誉为“龙潭三杰”的是李克农、钱壮飞、胡底，更多的是像黎强这样奋战在谍报战线上“余则成”式的无名英雄。他们是无私无畏的特殊群体，默默地来，悄悄地去，以忠贞不贰的信仰，创造了共和国的历史。我们永不能忘却这些立下卓越功勋的人们，更不能忘却他们那如“无底深海”的信仰人生。

（作者系我校退休干部）

气质美如兰，才华馨比仙

——回忆战友王文林

李先觉　李　祥

在新中国成立初期，王文林曾以《铁道卫士》的电影剧作，献给抗美援朝保家卫国的伟大事业。战友们都亲切称赞他是我们公安战线自己的作家。

十年“文革”期间，王文林头脑清醒，不改一个共产党员的初衷，在被发配到北大荒的日子里，除了和大家一起战风雪、斗严寒，为建设边疆付出艰辛劳动的同时，还受命到合江地区为支援珍宝岛保卫战贡献自己的聪明才智。在“文革”动荡的年月，他曾不畏艰险，参与破获中央特别关注的苏特李宏枢间谍案，并由他亲自执笔，将破案过程写成剧本，拍成轰动一时的电影《熊迹》，奉献给全国人民。1979年，正当中越边境炮火连天的时候，他奉命不远千里，奔赴中越边境自卫战前线，出色地完成组织交给的对边境公安民警调研的任务。

粉碎“四人帮”之后的1980年11月20日下午，北京，风不大，却很冷。举世瞩目的林彪和江青反革命集团“两案”10名主犯开始接受审判，审判地点对外报道为“北京正义路甲一号”，即公安部礼堂，那是因公安部有一东侧门开在南北向的正义路上。世界上近百个国家都在关注着这场审判，地球上空的卫星向全球发射着有关审判的图像和信息。那时的公安部礼堂主席台中央的幕布上，挂着特制的大国徽，庄严的主席台上坐着特别法庭的审判长、检察长和法庭有关人员。作家王文林在那段不寻常的日子里，亲身经历了“两案”从预审到审判的全过程。王文林作为特别法庭的检察员坐在庄严的法庭上，在特别检察厅厅长黄火青下属的21名检察员中排在第二名，可见他是位不同寻常的检察员。王文林是“两案”起诉书的主要执笔人，为国家公诉人起草了公诉词。

作家出身的王文林擅长电影文学创作，而他对公安与法律方面的公文撰写也很精通，这是两种不同的文体，是很多人不能两者得兼而求全的。经得起历史检验的举世瞩目的“两案”大量材料中，留下了王文林的大量手笔，显示了他的文字功力。应该说，这是党和人民对他的最大信任，也是他一生中的自豪与骄傲。大家是从当年参加“两案”工作的当事人所撰写的书籍和网络上的文章读到有关王文林的描写的，他本人从未向别人炫耀过那段辉煌的人生经历和其中的故事。这是由党的严格纪律及他不喜张扬的性格所决定的。

中国人民公安大学成立后，王文林一如既往地忠诚党的事业，为公安大学的初创和建设献出了自己毕生的精力——根据学校整体部署，先后创办了《中国人民公安大学学报》《警察文摘》杂志，筹备组建了公安大学科研处，整顿并加强了公安大学图书馆的建设。在公安大学工作的十几年的日日夜夜，他励精图治、兢兢业业、任劳任怨、扎扎实实，矢志为公安大学建设与发展一步一个脚印走到生命的终点。

（李先觉曾任我校工会主席，李祥系我校退休干部）

记住“世界一流学科建设高校”征程上的“老公安”们

马进栓

2017年重阳节欢庆会上，看到这些老同志一个个鬓发苍白，不由得想到他们的过去。20世纪50年代，他们曾经是活跃在公安部和公安干校的一代生龙活虎的青年。这代在公安部及其直属公安院校工作了几十年的“老公安”，是为学校入选国家“双一流”建设高校名单做出了贡献的功臣，他们的贡献值得永远铭记。

这代“老公安”，是在新中国成立前后那段革命激荡年代涌现出来的先进青年，经在公安院校学习，审查和筛选分配到公安部和公安院校工作。我对他们有一种不同寻常的感情。这不仅因为我是其中一员，更因为20世纪50年代我在公安部专职做青年团工作，对这代青年的成长过程及其中的酸甜苦辣知道得更多些，深知他们走到耄耋之年的今天实属不易；更知道他们长期接受党的教育和几十年革命实践的历练，身上铸就许多值得学习、应继续发扬的优良作风和革命品质。将他们的一些往事追念如下，温故知新，无害有益。

一、这代“老公安”的初心

新中国成立前后，中国共产党领导的革命事业蓬勃发展，全国各地涌现出大批进步青年，他们从历史和现实中认识到，只有中国共产党才能救中国，才能领导中国人民建设一个繁荣富强的新中国；他们看到了光明，看到了希望，义无反顾地投入共产党领导的革命洪流之中。其中，一部分人被挑选做党和新中国的保卫工作。前边说的到公安部和公安院校工作的这代“老公安”就是其中一部分。到1954年机构调整后，在公安部和公安院校工作的这代年轻人有四五百人，是一支重要的有生力量。从1952年开始，我在公安部专职做青年团工作，和他们接触较多，对他们的工作、生活、思想和成长情况知道得也多些。记得这些同志刚走进公安队伍时，穿上带有盾牌标志的解放军军装，成了一名保卫人民、保卫新中国的卫士，感到很光荣，情绪很高。

二、把做好党交给自己的工作视为压倒一切的要务

这批年轻人来到公安部工作不久，就接受了“三反”运动的教育。“三反”运动后期，全党进行了一次重新登记。《党员登记表》中有个栏目是“个人志愿”，公安部的领导同志和很多革命老同志，从不同角度表述各自的革命志愿，高屋建瓴，一吐真情，思想深刻，对干部，尤其是青年同志很有教育意义。比如，公安部部长罗瑞卿同志写道：忘我地为党工作便是我的志愿。大家得知后，都到部务会议室去看（党员是在这里公开登记的）。很多同志把罗部长这十三个字抄下来，作为座右铭，牢记不忘，用以鞭策自己。党团支部组织大家学习讨论，进行了一次很好的革命人生观的教育，为形成“把做好党的工作视为压倒一切的要务”这样一个统一认识打下了坚实基础。

当时，活跃在公安部各个工作岗位上的这批共青团员，工作热情很高，但要真心做到把做好自己承担的工作视为压倒一切的要务，并不容易。第一，不能抱有私心，不能把做好工作当作牟取私利的手段和阶梯。如果这样，一旦利己目的达不到，工作上的那些积极热情就不会持久。如果利己目的有所实现，就会得寸进尺，在个人主义驱使下，越走越远。很多贪官和个人野心家都是这么来的。记得那时主管公安部政治工作的王昭同志一再讲，“个人主义是万恶之源”，大家牢记在心。前段时间，流传着“个人主义是激励人的动力”的论调。可以肯定，本文说的这代“老公安”，绝不会与之苟同。第二，必须有一个正确的工作价值观，即对党领导的各项工作有个正确的认识，否则，也做不到自觉地把做好党的工作视为压倒一切的要务。在20世纪50年代，公安部涌现出一批青年先进工作者，他们在介绍自己的先进经验时，都讲道：正确认识自己所担负的工作是做好工作的前提。

记得那时和一些青年朋友谈心、聊天，谈到使自己最愉快、最开心的事是什么时，几乎都异口同声地说，是经过努力完成了工作任务，领导感到满意，尤其是受到表扬，这是令人高兴的事。此外就是找到一个满意的恋爱对象。这是本能

的反应。回味起来，依然感到亲切、可爱、可敬。他们在各自的工作岗位上，为了及时完成工作任务，经常自觉地加班加点。有了紧急任务，夜以继日，通宵达旦，废寝忘食。大家情绪高涨，毫无怨言，认为工作就应该这样。做好工作，及时完成工作任务是压倒一切的。比如，有的同志，在爱人临产时，由于工作需要，领导派他出差，没有二话，说走就走，不会因家事影响工作。把做好工作视为压倒一切的要务，无论在顺境或逆境，始终如一。这就是这代“老公安”在20世纪50年代革命熔炉中铸就的一种可贵的品质。

三、淡泊名利，廉洁奉公

在党的教育下，这代“老公安”淡泊名利、廉洁奉公，始终保持共产党员应有的这一革命情操。

这代“老公安”一走进公安机关，就受到做公安工作必须要有甘当无名英雄的思想和严格遵守组织纪律的教育。公安人员要克服各种名利思想，要有组织纪律性，这是公安工作的性质和特点决定的。令人难以忘怀的是，那时这群向往革命的年轻公安人员，接受党的教育十分虔诚，认真照办。不知是谁提倡的，在他们中间流传着“要做革命的老黄牛”的说法。他们不只是这么说的，也确实是这么做的。多年来一直不计个人得失，埋头苦干，默默无闻，任劳任怨。在他们心中，自己在什么岗位上做什么工作，全由组织领导根据需要来安排。从有利于工作出发，可提出个人不同意见，但坚决服从组织最后决定，并尽心竭力地做好工作。由于历史原因，他们几十年一直拿着低工资，在“一般干部”的职位上兢兢业业地工作，无怨无悔。在平凡的岗位上，以“做一颗永不生锈的螺丝钉”为荣。

到公安部工作不久的这代年轻的公安人员，深刻领悟到毛主席在党的七届二中全会上向全党提出“要警惕资产阶级用糖衣裹着的炮弹的攻击”这一教导的英明及其重要性，把毛主席说的“贪污和浪费是极大的犯罪”这一语重心长的教导牢记在心，管了自己一辈子。对贪污受贿、铺张浪费、以权谋私、权钱交易等这些腐败行为深恶痛绝，甚至对那种公私不分、假公济私等均视为不光彩和自私的行为，远远离去。

四、不忘初心，默默耕耘

新中国成立前后参加革命来到公安部和公校等公安部直属单位工作的这代“老公安”，经党的培养教育和自己的努力，尤其是历次政治运动的考验和历练，进入20世纪60年代，均成为各单位的工作骨干。“文革”前，我曾听公安部一位资深的领导说：现在看来，干部的成长，在和平时期，经过十年左右的实际工作锻炼，在政治业务方面就比较成熟了；具有了一定独立工作的能力，成长为独当一面的工作骨干（大意）。我明白他说的就是这代“老公安”，从他的言谈话语中可以感觉到，他对公安部这代年轻人的成长是满意的。

正当这代年富力强的公安战士要为党和新中国的保卫事业出力的时候，“文化大革命”发生了。很多部省级以上的领导干部都被打倒了。中央成立专案领导小组，统一领导对这些被打倒的高级领导干部进行专案审查。先后从公安部调去几百人参加专案审查工作，其中绝大部分是这代“老公安”。后来，经对“专案人员”审查证明，这代“老公安”在“极左”横行的年代办案，仍能顶住重重压力，排除种种干扰，坚持实事求是原则，做了很多调查核实工作，为被审查的同志重新出来工作创造了条件。

1982年，专案人员中的这代“老公安”基本上被调离了公安部。其中，调到公安学院来的专案人员87人（不包括同时调到警官大学的），虽然大都年过半百，但一如既往，把做好自己所担负的工作视为压倒一切的要务。当时，学校正由轮训公安干部的公安学院转为培养具有大学本科水平的公安专业正规大学，然而却没有相应的公安专业教材。这代“老公安”中的很多同志积极投入了编写在全国公安高等院校统一使用的“统编教材”工作中。他们仍以“老黄牛”精神，埋头苦干，默默耕耘。经和其他同志共同努力，在两年内完成了编写“统编教材”的任务，使教材能够及时投入使用，并受到好评。

上台讲课，对这些“老公安”来说是第一次。有的连板书都不会写（那时没有电化教学），其难度之大可想而知。他们没有向困难低头。用毛主席说的“世界上怕就怕认真二字，我们共产党人就最讲认真”这句话鞭策自己，知难而上。他们认真向老师学习，认真备课、认真讲课。听老师说，要想给学生一瓢水，必须准备一桶水，就在备课上下工夫。犹如在机关工作那样，经常加班加点、不分昼夜地工作。从公安部调到公安大学的这批“专案人员”中的“老公安”，除极少数外，基本上于1991年前后从工作岗位上退了下来，在公大初创阶段工作了七八年。这是他们革命生涯中的最后一站。退休时，他们大多职位不高，也没有任何职称，但这些在这代“老公安”心目中并不重要，他们看重的是在公安大学工作的这几年中成为了公安专业教学中的中坚力量，和对学生进行日常生活管理和思想教育的主力军。

（作者系我校离休干部）

后 记

《峥嵘岁月——中国人民公安大学七十华诞纪念文集》是《银龄之声》编辑部受公安大学离退休工作处委托，为庆祝建校 70 周年而编辑出版的纪实性纪念文集。编辑出版本书，旨在讲好公大故事，鼓舞师生士气，服务作为公安系统最高学府“双一流”建设高校的责任担当。本书大部分文章选自《银龄之声》，以及学校现存历史档案和前期口述校史资料，再经编辑加工而成。

《银龄之声》是公安大学主管、离退休工作处主办的一本文化养老内部期刊，其作者、编者和读者大都是老一辈公大人，是公大 70 年历史的创造者、亲历者和见证者。坚持“党校”标准的政治站位，坚持公安教育特色，坚持历史的真实性和鲜活性，是本书选稿的标准。然而限于水平和能力，加之备选材料的缺失，书稿难免有遗珠之憾，恳请精品佳作未能入选的作者海涵，并与我们联系，我们将在本书的续集中收录完善。同时，入选本书的文稿出处分散且历时久远，故一律不列出其出处。凡组织采访的文章，一律不列出采访者和撰稿人的姓名。有些作者的工作单位、职务（职称）信息难以考证准确，错讹之处敬请鉴谅。

本书的出版，得到了公安大学领导的关心和支持，得到了学校办公室所辖的综合档案室、宣传部校刊编辑部等单位的鼎力相助，在此一并表示衷心感谢！

刘祁宪（我校退休教授、《银龄之声》主编）

2018 年 9 月